Für Ingrid

Siegfried Richter

Der Mutmacher

Ein Sachse kehrt heim. Aufbau Ost einmal anders.
Von POLSTER RICHTER zum SPANISCHEN HOF.

1. Auflage „Der Mutmacher“

Lektorat: Ingo Swoboda, Eltville
Texterfassung: Schreibbüro Schön, Rüdesheim
Umschlagfotos: Hans-Jürgen Heyer / Bernd H. Reimer
Umschlag- und Einbandgestaltung: Die Zwei, Wiesbaden
Satz: TYPE, Wiesbaden
Litho: ELEX, Wiesbaden
Druck und Bindung: Offizin Andersen Nexö, Leipzig
ISBN 3-00-004177-X

gedruckt in leipzig

Inhalt

Kapitel 1	1987–1992: Die Zeit danach	9
Kapitel 2	1992–1993: Gröditz soll schöner werden	17
Kapitel 3	Sechs Jahre danach	33
Kapitel 4	Respekt vor der Vergangenheit	38
Kapitel 5	Wie Gröditz schöner wurde	42
Kapitel 6	„Niemals war mehr Anfang als jetzt"	44
Kapitel 7	Die Röderstadt braucht ein Hotel	49
Kapitel 8	Aufbruch in neue Zeiten	52
Kapitel 9	Hotelpläne nehmen Gestalt an	63
Kapitel 10	Sand im Getriebe	73
Kapitel 11	Ein Haus sucht einen Namen	78
Kapitel 12	Ideen und Lösungen	81
Kapitel 13	Die Sache mit den Glocken	88
Kapitel 14	Hoteldirektor gesucht	92
Kapitel 15	Rundgang durchs Hotel	102
Kapitel 16	Es ist soweit – Hotelpremiere	108
Kapitel 17	Reklamationen	116
Kapitel 18	„Schweinerei" aus Hirschfeld	120
Kapitel 19	Jugend nach Amerika	124
Kapitel 20	Der Amtsschimmel wiehert	129
Kapitel 21	Hohe Gäste im SPANISCHEN HOF	136
Kapitel 22	Nachwort	139

Vorwort

In der Röderstadt Gröditz bei Riesa (Sachsen) wurde ich 1922 geboren. Mein Vater war Sattlermeister und hatte dort seinen Handwerksbetrieb, in dem er auch Polstermöbel machte. Die Mutter stand vorn im „Laden" und verkaufte Schulranzen, Aktentaschen, Bürsten und Seilerwaren. Um später einmal das Geschäft zu übernehmen, erlernte ich in Chemnitz das Polstererhandwerk.

Meine Unternehmerzeit begann 1946 nach Entlassung aus der Kriegsgefangenschaft. Der Ein-Mann-Betrieb meines Vaters wuchs so rasch, daß wir nach 1½ Jahren 25 Mitarbeiter hatten. 1948 mußten wir den Betrieb an die Gemeinde Gröditz zwangsverpachten. Damals war ich 25 Jahre alt und ging direkt nach der Währungsreform mit Rucksack, Handwerkskasten und 300,– DM in der Tasche in den Westen. In Winkel am Rhein (bei Rüdesheim) begann ich mit meinem Ein-Mann-Betrieb in einem Saal Polstermöbel herzustellen und gründete am 1. August 1948 die Firma POLSTER RICHTER.

Meine Devise war, bessere Qualität zu niedrigeren Preisen zu liefern. In eigenen Geschäften verkaufte ich „Direkt vom Hersteller". 35 Jahre später hatte POLSTER RICHTER 66 Filialen und beschäftigte 600 Mitarbeiter. 1987 übergab ich das Unternehmen an meinen ältesten Sohn, der es mit großem Erfolg weiterführt.

Seit dieser Zeit lebe ich mit meiner Frau Ingrid auf Teneriffa. Inzwischen 66 Jahre geworden, konnte ich dort nicht auf der faulen Haut liegen, baute ein Haus und schrieb anschließend ein Buch über mein turbulentes Leben – Titel „Unter der Glückshaube".

Der Gesamtband (400 Seiten) erscheint in einer überarbeiteten und erweiterten Neuauflage unter dem Titel „Der Mutmacher". Eine Fundgrube für Unternehmer! Preis DM 29,80. Nur im SPANISCHEN HOF erhältlich.

Die gekürzte vorliegende Ausgabe ist die Fortsetzung der „Glückshaube" und beschreibt meine Tätigkeit in der Röderstadt Gröditz nach der Wiedervereinigung. Sie ist für die Leser gedacht, die mein erstes Buch bereits kennen oder denen die Zeit für 400 Seiten fehlt.

Ich wünsche Ihnen viel Spaß bei der Lektüre.

Auf Wiedersehen im SPANISCHEN HOF – herzlichst Ihr

(Siegfried Richter)

Kapitel 1

1987–1992: Die Zeit danach

Arthur Schopenhauer sagt:

> „Wenn die Not gebannt ist
> und die Gesundheit geblieben,
> dann kann das Alter
> der schönste Teil des Lebens sein."

Ich jedenfalls genieße meinen neuen Lebensabschnitt auch in der Gewißheit, ein gesundes Unternehmen auf die nächste Generation übertragen zu haben.

Allen, die das noch vor sich haben, möchte ich raten:
Stellen Sie rechtzeitig die Weichen und haben Sie Geduld, Geduld und noch einmal Geduld.

Bevor Sie den Schritt der Geschäftsübergabe vollziehen, bringen Sie aber Ihr Schäfchen ins Trockene. Verlassen Sie dann Ihr Unternehmen konsequent. Junge Menschen wollen sich im harten Kampf des Wettbewerbs selbst beweisen und suchen selten den Rat der Alten. Das war schon zu allen Zeiten so.

Man sollte beim Ausscheiden keine Dankbarkeit erwarten. Enttäuschungen entstehen ja nur durch übertriebene Erwartungen.

Der ausscheidende Unternehmer muß sich darüber im klaren sein, daß für ihn ein anderer Lebensabschnitt beginnt. Man muß sich neue Ziele setzen, die den Kräften entsprechen, die man noch zur Verfügung hat.

Zufrieden kann ich heute feststellen, daß es mit dem Unternehmen seit meinem Ausscheiden kontinuierlich aufwärts gegangen ist, die neue Generation fest im Sattel sitzt und sich das alte erfolgreiche Konzept POLSTER RICHTER – Direkt vom Hersteller – immer wieder bewährt. Nun ist das Unternehmen in der dritten Generation.

Wenn man nach über vierzigjähriger Unternehmertätigkeit in den Ruhestand geht, dann heißt das nicht etwa, aufhören zu arbeiten. Das geht nicht. Jedenfalls nicht bei mir. Wer das versucht, wird krank oder fällt seiner Frau auf die Nerven.

So suchte ich mir eine neue Aufgabe in meiner dritten Heimat, auf Teneriffa. Nichts lag näher, als mich der Bautätigkeit zu widmen. Schon im Spätherbst 1986 bereitete ich mich auf meine neue Aufgabe vor. Wir kauften uns im Süden der Insel, in Los Christianos, direkt am Strand in einem kleinen Einkaufszentrum ein Apartment mit herrlichem Blick auf den Fischereihafen und das Meer. Das sollte als Baubüro dienen, wurde aber gleichzeitig als Schlaf- und Wohnraum eingerichtet. Meine Frau taufte es das „Blaue Kästchen", weil der Vorbesitzer alle sichtbaren Holzteile blau gestrichen hatte.

Mein Plan sah vor, in der von Tourismus noch kaum berührten Zone circa drei Kilometer von der Küste entfernt 100.000 Quadratmeter Land zu erwerben und es in zwanzig Parzellen aufzuteilen. Jedes Jahr wollte ich ein Haus im kanarischen Stil bauen und es dann verkaufen. Damit glaubte ich bis zu meinem Lebensende arbeitsmäßig ausgesorgt zu haben.

Dabei mußte ich nicht unbedingt verdienen, wollte aber auch kein Geld drauflegen. Meine Vorstellung war, so richtig mit Hingabe zu bauen, meinem gestalterischen Ideenreichtum freien Lauf zu lassen und interessanten Menschen zu begegnen. Ich stellte allerdings die gleiche Bedingung an mich, die sich vor zwei Jahren Herr Gross als Beiratsvorsitzender erbat: „Nicht über Gebühr ärgern."

An dieser Forderung scheiterte ein Grundstückskauf von 96.000 Quadratmeter, der kurz vor dem Abschluß stand.

In den letzten Jahren hat auf dem Bausektor eine Überbürokratisierung stattgefunden, der gegenüber deutsche Verhältnisse ein Kinderspiel sind.

Mir war das alles zu langwierig und umständlich. Mit Bürokratie hatte ich mich schon früher zur Genüge plagen müssen. Die von mir gedachte Bautätigkeit – jedes Jahr ein Haus – wäre wohl in echte Arbeit ausgeartet. Das wiederum sollte es nun auch nicht sein.

So entschlossen wir uns, fünf Kilometer vom „Blauen Kästchen“ entfernt, in dem kleinen Örtchen Chayofa, das in Richtung Teide, also zum Gebirge hin liegt, tausendfünfhundert Quadratmeter in einer neuen Besiedlung (Urbanisation) zu erwerben.

Von hier oben hat man einen herrlichen Blick über die weite Landschaft von Los Christianos und Las Americas zum Meer. An den meisten Tagen sind die Umrisse der Insel Gomera deutlich zu sehen, und hin und wieder taucht sogar die Insel Hierro aus dem Dunst auf. Der sonnigen Landschaft und der wärmeren Witterung angepaßt, sollte sich dieses Haus grundlegend von dem im Norden unterscheiden.

Es wurde verspielt, mit vielen Rundungen und verbrochenen Ecken, so wie man in Südfrankreich und rund ums Mittelmeer baut. Noch nie hatte ich mehr Muße beim Bauen. Jede kleinste Einzelheit legte ich genau fest. All meine Erfahrungen, die ich mir im Laufe meines Lebens beim Bauen angeeignet hatte, konnte ich nun einbringen.

Weißgekalkt leuchtet das Haus gegen den intensiv blauen Himmel.
Sämtliche Holzteile, außen und innen, sind in hellem Honigton gehalten. Eine breite hölzerne Innentreppe führt durch eine offene Halle zu den oberen Räumen. Große Schiebetüren öffnen sich in den Garten, man lebt ja draußen.

Jedes Fleckchen des Gartens ist mit Grünpflanzen, Rasen, Bäumen und Sträuchern bepflanzt. Bougainvillien blühen ständig, und in jeder Jahreszeit leuchtet eine andere Blumenart. Auf den ersten Blick erscheint der Süden trocken, doch mit ausreichender Bewässerung explodiert das Wachstum förmlich.

Ich kann mich an keines meiner Häuser erinnern, bei dem so viel geändert wurde wie hier. Die kanarischen Handwerker bewiesen unglaublichen Langmut.

Wir ließen alles mit viel Ruhe angehen. Ich wollte ja, nachdem ich die Firma auf meinen Sohn übertragen hatte, einer sinnvollen, mich ausfüllenden Beschäftigung nachgehen. Während die Nachbarhäuser längst bezogen waren, wurde bei uns noch immer gearbeitet. Die Bauzeit betrug schließlich – man lese und staune – volle drei Jahre.

Ursprünglich war das Haus zum Verkauf gedacht. Da ich aber so viel Liebe in die ganze Bauerei investiert hatte, konnten wir uns bislang nicht dazu entschließen.

In den warmen Sommermonaten verlassen wir die Insel und reisen nach „Europa".

So nahm ich im Mai 1987 in Gröditz an einem Treffen meines Jahrgangs teil. Zum ersten Mal sah ich seit fünfzig Jahren meine Schulkameraden wieder. Natürlich waren die männlichen Teilnehmer durch die Kriegsfolgen in der Minderheit. Es waren ergreifende Begegnungen. Erstaunlicherweise waren die meisten meiner Mitschüler im Ort geblieben.

Ingrid und ich waren so begeistert, daß wir uns am Ende der Veranstaltung entschlossen, die Jahrgangskameraden mit ihren Partnern für September 1989 auf vier Tage nach Winkel einzuladen.

Da ich keinen Wohnsitz mehr in Deutschland hatte, war meine Schwester die Anlaufstation für die Formalitäten. Alle waren ja über fünfundsechzig, und es gab wegen der Ausreise keine Schwierigkeiten. Sie kamen mit dem Interzonenzug von Leipzig nach Frankfurt am Main. Dort wurde der Jahrgang mit einem großen „Herzlich willkommen"-Transparent – Jahrgangstreffen Gröditz 1922/23 – empfangen. Die wenigen Kameraden, die im Westen lebten, stießen auch dazu. Aus Österreich kamen die weitesten Teilnehmer. Heribert Schwank hatte sich Urlaub genommen und betreute mit seiner Erfahrung als Sanitäter die fünfundvierzig Personen zählende Gruppe. Wir genossen als Gastgeber die Freude, unseren Schulkameraden unvergeßliche Tage im Rheingau bereiten zu können. Heinz

Roscher, der Mann der ersten Stunde des Direktverkaufs 1952, führte uns durch die neunhundert Jahre alte Basilika in Mittelheim und den Oestricher Kran, mit dem schon vor dreihundert Jahren die Weinfässer auf Schiffe verladen wurden. Wir waren in der gotischen Kirche in Kiedrich, im Kloster Eberbach, auf dem Niederwalddenkmal und in der Drosselgasse in Rüdesheim. Höhepunkt war wohl die Fahrt mit der „Willy Schneider" auf dem Rhein von Winkel bis zur Loreley.

Damit es dabei nicht rein sächsisch zuging, hatte ich meinen Winkler Jahrgang mit Partnern auch eingeladen. Die Freude aller war riesengroß.

Aber die Eindrücke waren auch tief bewegend. Unvergeßlich bleibt, wie ein Teilnehmer bei einer Besichtigung im Main-Taunus-Zentrum beiseite ging, um seine Fassung wiederzugewinnen, so überwältigt war er von dem Überfluß des Gesehenen. Es waren ja viele Menschen darunter, die ihr Leben unter dem östlichen System mehr oder minder zufrieden und zustimmend verbracht hatten und jetzt mit völlig Unbekanntem konfrontiert wurden und deren Weltbild Sprünge bekam bei dieser ersten Reise in die andere, in die westliche Welt.

Zum Schluß gab es einen großen Abschiedsabend mit den neu gewonnenen Winkler Jahrgangskollegen.

Rückblickend kann man sagen, das Ganze glich einer Vorfeier zur bevorstehenden Wiedervereinigung unseres Vaterlandes.

Es war ja der Sommer, in dem während der Ferien die Massenflucht von DDR-Bürgern einsetzte. Ungarn öffnete seine Grenze nach Österreich. Tausende von jungen Leuten sammelten sich mit dem, was sie auf dem Leibe trugen, in schnell errichteten Lagern. Unvergeßlich bleiben die Bilder, wie deutsche Flüchtlinge versuchten, unter der Prügel der tschechischen Polizei Zuflucht in der deutschen Botschaft in Prag zu finden. Weltweit wurde im Fernsehen die Aufnahme ausgestrahlt, wo ein Flüchtling von tschechischen Polizisten wieder von dem Gitterzaun heruntergezerrt wurde und er sich nicht auf das deutsche Botschaftsgelände retten konnte.

Noch ahnte niemand, daß am 9. November 1989 die Berliner Mauer fallen würde, geschweige denn die Kettenreaktion, die sich daran anschloß.

Als wir an diesem Abend auseinandergingen, war ich so gerührt und erfreut vom Besuch meiner Schulkameraden, daß ich mich entschloß, eine Einladung für das Jahr 1992 auszusprechen, das Jahr, in dem wir siebzig werden sollten.

Bei diesem Treffen im Jahr 1992 hatten wir Zeit, weitere Sehenswürdigkeiten des Rheingaus zu zeigen. Befürchtungen, daß es nun nach der Vereinigung und weil es der Zweitbesuch war, nicht mehr so schön und interessant wäre, bestätigten sich nicht. Wir besuchten mit dem ganzen großen Teilnehmerkreis das Weinfest in Eibingen oberhalb von Rüdesheim und freuten uns inmitten der Gäste aus aller Welt am Wein, an der Musik und am Mondschein über den Rebenhügeln. Auf allgemeinen Wunsch wiederholten wir die Rheinfahrt zur Loreley zusammen mit dem Winkler Jahrgang, und die alten Bekanntschaften wurden neu gefestigt.

Ich war nun seit drei Jahren aus dem Unternehmen ausgeschieden, und mein Leben lief in neu geordneter Bahn ohne den Alltag der Firma. Jetzt fand ich es an der Zeit, ein Jubiläumstreffen all der ausgeschiedenen Mitarbeiter zu veranstalten, die mehr als zehn Jahre im Unternehmen gewesen waren. Das betraf die Pensionäre, die die 1955 ins Leben gerufene POLSTER-RICHTER-Altersversorgung erhielten.

Im Februar flogen wir nach Deutschland, wo der Festausschuß zum ersten Mal tagte. Im Lauf der Besprechungen wurde der Vorschlag gemacht, daß wir alle Lehrlinge, die jemals bei POLSTER RICHTER gelernt hatten, mit einluden. Des weiteren sollten Mitarbeiter, die zwanzig Jahre und länger im Unternehmen tätig sind, an der zweitägigen Veranstaltung teilnehmen können.

Meine Neugierde trieb mich Ende März 1990 nach Gröditz, u. a. um mir nach der Wiedervereinigung den Betrieb anzusehen, den ich 1946 ins Leben gerufen hatte. Irgendwelche Ansprüche konnte und wollte ich nicht stellen, da wir ja seinerzeit unser Warenlager ordnungsgemäß vergütet bekamen. Schließlich konnte ich im nachhinein doch froh sein, daß damals alles so kam.

Die zweieinhalb Unternehmerjahre in Gröditz gaben mir das Rüstzeug für meine spätere geschäftliche Entwicklung. Hatte ich nicht allen Grund, dafür dankbar zu sein? Manche Hilfe wurde mir damals zuteil. Landrat Dietrich riskierte seine Karriere, als er die Zwangsverpachtung unseres Betriebes rückgängig machen wollte. Die Menschen dort standen unter russischem Zwang, genauso wie wir im Westen unter amerikanischem Zwang standen. Man hat uns Deutschen nach dem verlorenen Krieg unsere Identität und unsere Vorbilder genommen. Darin waren sich die Siegermächte einig. Nur konnten wir uns im Westen unter einer relativen Freiheit entwickeln.

Der Mauerbau 1961 und der Schießbefehl waren keine Erfindungen der DDR. Deutsche Handlanger für diese russischen Grausamkeiten zu bekommen, war nicht schwer. Diejenigen, die an der Mauer auf ihre Brüder geschossen haben, tragen diese Last, ob sie später verurteilt werden oder nicht. Sie sind mit ihrem Gewissen gebrandmarkt bis an das Ende ihrer Tage. Unter welch günstigem Stern stand meine Entscheidung, die Ostzone am 13. Juli 1948 zu verlassen!

Nun hatte dieser Gröditzer Polsterbetrieb sich nach meinem Weggang weiterentwickelt und beschäftigte über einhundert Mitarbeiter. Das konnte mich doch nur mit Freude erfüllen. Die Gröditzer nannten dieses volkseigene Unternehmen (VEB) die „Matratze". Der letzte Lehrling meines Vaters (wie ich Jahrgang 1922), Werner Seifert, der während der Lehrzeit noch bei uns zu Hause wohnte, wie das damals üblich war, führte später den Betrieb. Danach übernahm Werner Dietrich, der im September 1948 – also kurz nach meinem Weggang – seine Lehre in der „Matratze" begann, ebenfalls als Meister die Betriebsleitung.

Eine Näherin von uns aus der ersten Stunde arbeitete dort noch zehn Jahre lang. Sie hatte mich schon bei einem früheren Familienbesuch angesprochen: „Erinnern Sie sich noch, Sie haben mich doch immer das „Schmalchen“ genannt. Und singen Sie immer noch ‘Oh, ich bin klug und weise ...’?“

Was lag näher, als diese drei Polsterkollegen mit ihren Angehörigen zur Jubiläumsfeier nach Winkel einzuladen?

Am 8. und 9. Juni 1990 fand das große Fest statt.
Trotz der Begrenzung der Teilnehmer kamen mehr als wir erwartet hatten. Auf der schon obligaten Schiffsfahrt, die den zweiten Tag ausfüllte, waren wir hundertsechzig Personen. Mehr paßten auf die „Robert Stolz“ auch nicht drauf. Zu meiner großen Freude hatten viele Bekannte und Mitarbeiter der allerersten Stunden zugesagt. Selbst der Betriebsratsvorsitzende, Herr Akwan, nahm teil.

Der Bürgermeister und unser Landrat hielten Reden. Die lustigste Bemerkung produzierte Landrat Frietsch, der zwanzig Jahre Bürgermeister in Oestrich-Winkel war: „In diesen zwei Tagen kann ich Ihnen nur raten – essen Sie und trinken Sie, was reinpaßt. Es trifft keinen Armen!“ Seine Aufforderung wurde zu meiner großen Freude befolgt. Das Ganze glich einem großen Familienfest und erinnerte an alte Zeiten.

Nach der Schiffstour gab es im Hotel Ruthmann noch einen langen Abschiedsabend, bei dem auch wieder fleißig getanzt wurde. Viele schwärmten davon: „Das war die schönste Maifeier, die bei POLSTER RICHTER je stattgefunden hat.“

Eine ehemalige Mitarbeiterin strahlte mich an: „Zwölf Jahre war ich in der Näherei. Nie hätte ich geglaubt, daß Sie so ein fröhlicher Mensch sind!“

Ein größeres Kompliment konnte sie mir nicht machen. Ich spürte es ja selbst, nachdem der Druck der Verantwortung für die Firma von mir genommen war, fand ich zu meiner Frohnatur zurück.

Für meine Frau und ganz besonders für mich waren diese zwei Tage ein wichtiger Abschnitt, der hier zu Ende ging. Es war ein

Abschied von all den vielen Mitarbeitern und Freunden, die meinen beruflichen Lebensweg gesäumt haben und mithalfen, ihn erfolgreich zu gestalten.

Kapitel 2

1992–1993: Gröditz soll schöner werden

Am 25. Juli 1992 fuhren wir erneut nach Gröditz. Der älteste Sohn meiner Schwester – jener Steffen, der mich 1948 beim Abschied auf dem Bahnhof nach altem Aberglauben so vollmundig anspuckte, um mir einen guten Start im Westen zu wünschen – war inzwischen siebenundvierzig Jahre und hatte sich in Berlin zu einem erfolgreichen Immobilienkaufmann gemausert. Er kaufte unser Elternhaus an der Röderbrücke, in dem auch er 1945 geboren wurde. Logischerweise hatte er daran enge Bindungen. Da unsere Eltern 1958 zu uns in den Westen kamen, war das Haus in den fünfunddreißig Jahren danach total heruntergekommen. Steffen brachte es auf Vordermann, und heute zählt es zu den schönsten Häusern von Gröditz. Nach alten Fotos ließ er die früheren Kassetten und Zierleisten im Putz erneuern und die Haustür in Eiche mit den edlen Verzierungen wie im Original herstellen. Er hatte soviel Freude an der Renovierung, daß er die andere Doppelhaushälfte mit weiteren sechs Wohnungen dazukaufte und sie in denselben feinen Zustand versetzte. Was hätten unsere Eltern für eine Freude bei diesem Anblick! Das Elternschlafzimmer hat Steffen zu einem separaten

Elternhaus (alt)

Elternhaus (neu)

Apartment ausgebaut, damit unsere Familie bei Besuchen dort wohnen kann. Mein Schwester schwärmte: „Das müßt Ihr Euch ansehen.“ Wir waren gespannt.

Drei Söhne meiner Cousins, die sich nach der Wende sofort als Bauhandwerker und mit einem Restaurant selbständig machten, hatten ihre Häuser auch neu hergerichtet. Ansonsten bot Gröditz ein erschreckendes Bild. Im Stahlwerk mit einstmals über fünftausend Beschäftigten arbeiteten noch knapp tausendzweihundert Leute, und es wurde weiter abgebaut. Die Zellstoffabrik war nicht mehr zu halten und wurde völlig abgerissen. Weitere tausend Arbeitsplätze gingen dabei verloren. In der Stadt leben knapp zehntausend Einwohner. Fünfhundert Wohnungen gehören dem Stahlwerk, einige der Fabrik. Der Großteil der Gebäude sind staatliche Wohnblocks, die in DDR-Zeiten errichtet wurden.

Lediglich 426 Privathäuser gibt es im alten Ortskern; sie befinden sich in einem zum Teil trostlosen Zustand.

So sehr wir uns über die neuen Häuser unserer Großcousins und unser Elternhaus freuten, um so deprimierter gingen wir durch den Ort.

Ein unbeschreibliches Gefühl überkam mich, als ich nach vierundvierzig Jahren das erste Mal wieder in dem Zimmer schlief, in dem ich zur Welt kam. Am nächsten Tag machten wir Besuche bei meinen Cousins und deren Kindern. Gregor Wendt beschäftigte mit zweiunddreißig Jahren in seinem Elektrobetrieb dreizehn Mitarbeiter. Wie sein Urgroßvater – der „schwarze" Wendt – saß er im Gemeinderat. Sein Bruder Henry, der ebenfalls die Meisterprüfung hatte, zählte gar zweiundzwanzig Leute in seinem Sanitär- und Heizungsgeschäft. Achtundzwanzig Jahre war er jung. Dann gab es noch Thomas, den Sohn meines Cousins Heinz. Im ehemaligen Fleischerbetrieb seines Vaters hatte er ein Bistro eröffnet. Auch sein Geschäft lief hervorragend. Das waren für uns Lichtblicke in Gröditz.

Viele junge Leute gingen im Westen zur Arbeit und kamen alle drei bis vier Wochen zu einem längeren Wochenende in die Heimat.

Durch Gespräche mit Schulkameraden erfuhren wir, daß es den Rentnern am besten gehe. Am schlimmsten jedoch sind die Vierzig- bis Sechzigjährigen dran, wenn sie ihren Arbeitsplatz verloren haben. Ein Siebenundfünfzigjähriger sagte mir, daß seine ABM (Arbeitsbeschaffungsmaßnahme) wohl noch ein Jahr gehen könne, damit er dann die vorgezogene Rente beantragen kann, doch fühle er sich noch viel zu jung für den Ruhestand.

Wo sich eine Gelegenheit bot, suchten wir die Menschen aufzumuntern, ihnen an Vergleichen aufzuzeigen, daß die Bauwirtschaft der Motor jeder Volkswirtschaft ist. Wir selbst haben das ab 1949 im

Westen erlebt. Auf Teneriffa war es nicht anders. Wie rückständig wirkte diese Insel, als wir das erste Mal 1974 dort waren, und welchen gesamtwirtschaftlichen Aufschwung hat sie seither durch den Bauboom genommen! In vielen Gesprächen erwähnte ich den unvorhersehbaren Zusammenbruch des Ostblocks, der die Wirtschaft nach der deutschen Wiedervereinigung so ungeheuer belastet. Immer und immer wieder verwies ich auf die Geduld, die man haben müsse, und daß ein Lebensstandard, wie er im Westen in vierzig Jahren aufgebaut wurde, erst nach und nach im Osten erreicht werden könne.

Durch die allumfassende Depression, die verständlicherweise im Industrieort Gröditz besonders stark ist, werden leider auch die beeinflußt, denen es heute besser geht als früher, die Rentner. Da im Osten die Frauen fast alle gearbeitet haben, fällt schon deshalb die Rente pro Ehepaar höher aus. Meinen Schulkameraden rechnete ich vor, daß sie ja heute über mehr Geld verfügen, mit dem sie jetzt auch mehr anfangen können.

Wenn man Unzufriedene fragte, ob sie den alten Zustand wiederhaben möchten, wurde das allerdings verneint. Eine Ausnahme fanden wir im Nachbarort. Dort meinte eine Frau in mittleren Jahren, daß es früher geregelter und nicht so hektisch gewesen sei und man habe seine Ruhe gehabt. Ihnen hätte auch eine Reise in die Tschechei genügt. Diese Gespräche stimmten uns traurig. Nur bei meinen Cousins und deren Kindern, die voll im Aufbau standen, konnten wir auftanken. Ich dachte an das gern von mir zitierte Wort: „Die Arbeit ist eines der stabilsten Elemente menschlichen Glücks." Dieses stabile Element war in Gröditz durch die große Arbeitslosigkeit fortgefallen. Dadurch herrscht Weltuntergangsstimmung.

Ich dachte an das große Glück, das mir im Leben widerfahren war, frei arbeiten zu dürfen und dabei Freude und Erfolg zu haben. Ich erinnerte mich an die vielen schwierigen Situationen, die ich meistern konnte, bis hin zu dem schrecklichen Zeitpunkt vor sieben Jahren, als der Konkurs mein Unternehmen bedrohte. Der Gewerkschaftssekretär Huttner fiel mir ein, der doch Arbeitsplätze erhalten sollte, uns aber riet, zum Konkursrichter zu gehen. Welch ängstlicher, schwacher Mann war das doch, denn aufgrund tiefgreifender Maßnahmen war das Unternehmen bereits nach zehn Monaten wieder gesund und bot gesicherte Arbeitsplätze.

In meinem Heimatort mußte ich nun aufpassen, daß ich von der niedergeschlagenen Stimmung nicht angesteckt wurde.

Am 29. Juli machten wir uns auf die Suche nach dem Geburtsort meines Vaters. Aus seinem Meisterbrief wußte ich, daß er in Bomsdorf im Kreis Uebigau in Preußen geboren ist. Kein Mensch kannte den Ort. Es müßte sich um einen Schreibfehler handeln, meinten meine Cousins. Alle lästerten über den Namen. Aber meine Beharrlichkeit half mir. Wir fuhren in Richtung Uebigau und kamen dabei zehn Kilometer hinter Gröditz durch einen kleinen Ort mit etwa fünfzehn blitzblanken Häusern, eines gepflegter als das andere. „Warum hier, warum nicht in Gröditz?" sagte ich zu Ingrid. Dieser Gedanke ließ mich nicht mehr los.

Kurz hinter Uebigau fanden wir tatsächlich einen Wegweiser nach Bomsdorf. Das erste o war ein bißchen lädiert, so daß man ein u lesen konnte. Wir haben es gleich fotografiert. Ein winziges Dörfchen mit einer Straße lag wie ausgestorben in der Mittagssonne. Die kleinen heruntergekommenen Gehöfte waren zur Straße hin abweisend verschlossen. Nur zwei Störche standen auf dem Nest, und ihre beiden Jungen guckten über den Rand. Die Zeit war stehengeblieben, so mußte es schon zur Zeit meines Vaters gewesen sein. Wir fuhren bis zum letzten Haus, denn da endete die Straße am Elsterdeich. Als wir hupten, kam schließlich doch eine ältere Frau. Ausgerechnet eine geborene Richter freute sich über den unverhofften Besuch. Verwandtschaft konnte jedoch nicht nachgewiesen werden. Als ich ihr sagte, daß mein Vater hier vor hundertundeinem Jahr geboren wurde und wir eine Flasche Rheingauer Wein überreichten, strahlte sie, verschwand und kam sofort mit einem Karton voll Eier für uns zurück.

Mich ließen die schönen, gepflegten Häuser von der Herfahrt nicht zur Ruhe kommen.
Gröditz ist meine Heimat. Hatte ich nicht allen Grund, darüber nachzudenken, wie ich, der ich vom Schicksal begünstigt und begütert bin, hier helfen kann?

Noch am Abend bat ich meinen Cousin Raimund, für mich am nächsten Morgen mit dem Gröditzer Bürgermeister einen Termin zu machen. Das war nicht so leicht, denn der siebenunddreißigjährige Herr Bölke hatte fast jeden Tag auf der Landesregierung in Dresden oder bei der Treuhand zu tun. Längst war er selbst aktiv geworden, um der Misere der großen Arbeitslosigkeit in Gröditz zu begegnen. Neue Gewerbebetriebe mußten angesiedelt werden. Das war das Gebot der Stunde. Jeder neue Arbeitsplatz schafft Vertrauen in die Zukunft.

Nachdem am Donnerstag ein Termin geplatzt war, kam es am Freitag vormittag zum Gespräch. Da der Bürgermeister in der nächsten Woche in Ferien ging, übernahm der Stadtverordnetenvorsteher Dr. Kipsch die Amtsgeschäfte, so daß ich das Glück hatte, beide Herren anzutreffen. Man merkte, sie waren in Eile. Bei solchen Situationen lege ich mich zeitlich gern fest und zur klaren Demonstration meine Armbanduhr auf den Tisch. Ich erbat mir fünfzehn Minuten.

Zuerst klärte ich die Herren auf, daß ich nicht der Besitzer des neu hergerichteten Hauses an der Röderbrücke sei, sondern der Onkel von Steffen Richter. In zehn Minuten schilderte ich meinen Lebensweg und sagte auch, daß ich der Gründer der „Matratze“ war. Ich erwähnte die renovierten Häuser meiner Großcousins und sprach von meinem Ziel, daß es möglichst viele solcher Häuser in Gröditz geben sollte. Jeder fremde Investor würde vom heutigen Zustand des Stadtkerns erst einmal abgeschreckt. Die zweite Zielrichtung war, den Menschen in Gröditz ein freundlicheres Umfeld zu schaffen und ihnen Mut und Hoffnung für die Zukunft zu machen. Wie ich mir die Umsetzung der Maßnahmen vorstellte, konnte ich noch nicht sagen. Ich sprach von Wettbewerben, mit denen ich in meinem Unternehmen die Mitarbeiter immer begeistern konnte und erfolgreich war. Hier in Gröditz wollte ich nun versuchen, die Privatbesitzer der Häuser zu motivieren, ihre Fassaden und Vorgärten zu verschönern, und zwar zunächst an den Ausfallstraßen.

Ich nannte einen Betrag von 100.000 DM, den ich für die Aktion bereitstellen wollte. Jeder Teilnehmer sollte als Anreiz einen Renovierungskostenzuschuß bekommen, über dessen Höhe ich mich aber noch nicht äußerte.

Dr. Kipsch griff diese Idee sofort auf und schlug vor, daß ich bei der nächsten Stadtverordnetensitzung in vier Wochen meinen Plan vortrage.

Die Gesprächszeit hatte ich um fünf Minuten überschritten – die Herren sahen mir das wohl nach. Da um Haaresbreite auch der zweite Termin geplatzt wäre, spöttelte meine Frau bei der Verabschiedung: „Es ist schon manchmal nicht einfach, 100.000 DM loszuwerden."

Auf dem Heimweg verbrachten wir noch zwei Tage in Karlsbad. Ich wollte den Kurort kennenlernen, in dem mein Urgroßvater – der Vielkindermacher – sich zweimal im Jahr von seinen großen Anstrengungen regenerieren mußte. Er war sicher ein sehr großzügiger Mensch und verkörperte wahrlich nicht den „geizigen Bauern". Wie oft dachte ich an das Vermögen, das er geschaffen hatte, und dann ging er doch von dieser Welt, wie er gekommen war. Welch gütige Gerechtigkeit, resümierte ich.

Verblüfft sahen wir uns im Kurviertel um – reinster Jugendstil, ein Haus schöner hergerichtet als das andere. Es wirkte wie eine Theaterkulisse, und der Gedanke an ein potemkinsches Dorf lag nicht fern, denn hinter der glänzenden Hülle sah es arg verfallen aus. Aber wir merkten, was man mit Farbe alles erreichen kann, und ich dachte ständig an Gröditz.

Durch die Verschönerungsaktion wurde die Rückfahrt zur phantasievollen und kurzweiligen Reise. Ich war in meinem Element – in Gröditz gab es für mich eine neue Aufgabe. Geistigen Auges sah ich meinen Geburtsort in schönen pastellfarbigen Fassaden mit frisch bepflanzten Vorgärten. Das mußte alle Einwohner erfreuen und neue Gewerbeansiedlungen nach sich ziehen.

Auf dieser Fahrt reiften meine Pläne. Mir wurde klar, daß es mit einem Wettbewerb nicht getan ist. Es mußte gleich im Anschluß daran ein zweiter stattfinden für all die Häuser, die nicht an den Ausfallstraßen lagen. Zu leicht hätte der Verdacht aufkommen können, daß die Siedlungshäuser, die in anderen Vierteln standen, benachteiligt werden. Wegen der Überlastung der Baukapazität, die die Preise in die Höhe treibt, sollte der Wettbewerb auf zwei Jahre verteilt werden.

Wir hatten noch nicht Winkler Boden betreten, da sagte ich zu Ingrid: „In Gröditz investieren wir eine Viertelmillion für die Renovierungszuschüsse, die zehn Siegerpreise der beiden Wettbewerbe und für das Werbematerial, um die Sache publik zu machen."

Nachdem ich das Rohmanuskript meiner Lebenserinnerungen von Mitte Januar bis Ende Mai 1992 zusammengestellt hatte, mußte ich mein Buch um fünf Monate zurückstellen. Ich konnte nie zwei Dinge gleichzeitig tun, „eine Kartoffel nach der anderen schälen" war stets meine Devise.

In der absoluten Konzentration auf eine Sache lag immer meine Stärke. Gröditz hatte jetzt Priorität.

Das Schicksal hatte es wieder einmal gut mit mir gemeint, daß aus dem großen geplanten Bauvorhaben im Süden von Teneriffa nichts geworden war. Meine Erinnerungen wären nie zustande gekommen, und für die Aktion in Gröditz hätte mir auch die Zeit gefehlt.

In Winkel begann die Feinarbeit. Getreu meiner These, nur nichts dem Zufall überlassen, jeden möglichen menschlichen Fehler ausschließen, ging ich an die Arbeit. Drei Wochen blieben mir, um mein Vorhaben für die Stadtverordnetensitzung aufzubereiten und am darauffolgenden Tag, dem 1. September, die Werbeaktion zu starten. Vier weitere Wochen mußten dann genügen, damit der erste Wettbewerb am 1. Oktober 1992 beginnen konnte.

Ein Motto für die Zweijahresaktion war schnell gefunden:

GRÖDITZ
soll schöner werden

Diese vier Worte sollten Mut machen und Zuversicht ausstrahlen.

Meine Verwandten schloß ich aus verständlichen Gründen von dem Wettbewerb aus.

Nach vielen Überlegungen kam ich mit mir überein, daß die ersten hundert Wettbewerbsteilnehmer je 2.000 DM Renovierungskostenzuschuß erhalten sollten. Damit sollte die Aktion Schubkraft bekommen. Wer später kam, hatte ja noch die Chance, einen der zehn Siegerpreise von 5.000 bis 1.000 DM zu gewinnen. In jedem der beiden Wettbewerbe gibt es also die fünf Siegerpreise für die schönsten Fassaden mit den gepflegtesten Vorgärten.

Eine neutrale Jury sollte die Gewinner ermitteln. Fotos vom alten und neuen Zustand würden ihr die Arbeit erleichtern.

Ich entwarf nun Anmeldeformulare, Plakate, große Schaufenster- und Autoaufkleber. Der junge Inhaber einer kleinen Druckerei in Wiesbaden begeisterte sich für mein Vorhaben und half mir. Für die Teilnehmer entwickelten wir ein großes stabiles Plastikschild mit dem Aufdruck „Gröditz soll schöner werden – ICH MACHE MIT". Das wurde bei der Anmeldung auf dem Gröditzer Bauamt gleich mitgegeben mit der Bitte, es gut sichtbar an der Fassade zu befestigen. Es sollte die Nachbarn bewegen, ebenfalls mitzumachen. Sogar Anmeldebücher für beide Wettbewerbe bereitete ich in allen Einzelheiten vor, damit es bei einem eventuellen Ansturm im Rathaus keine Pannen gab. Man konnte ja nicht wissen…

Ein langjähriger Bekannter, der Gartenbauingenieur Raible, kam auf die Idee, zehn Meter hinter den gelben Ortseingangsschildern in der gleichen Größe „Gröditz soll schöner werden“-Schilder mit dem Zusatz „Wir machen mit“ aufzustellen. Das sollte der erste Appell für die Autofahrer sein, um zu erkennen: In Gröditz passiert etwas. Obwohl nur 426 Häuser in Privatbesitz sind, sollte durch das „WIR MACHEN MIT“ dokumentiert werden, daß die ganze Stadt hinter der Verschönerungsaktion steht. Alles Werbematerial war in dem schon zu Firmenzeiten bewähren leuchtenden Gelb gehalten mit rotem und grünem Aufdruck.

Nun fuhren wir mit sechs Zentnern Drucksachen und Plastikschildern im Kofferraum nach Gröditz. Es war kein gutes Fahren mit dem bis ans äußerste belasteten Wagen auf den verengten Spuren der zahlreichen Autobahnbaustellen. Aber da sah man den Wiederaufbau, und wir waren auf dem Weg, dabei mitzumachen!

Voll Spannung überlegten wir, wie die Gröditzer reagieren würden. Bei jeder Werbeaktion, die ich früher im Unternehmen gestartet hatte, gab es Erfahrungen von früher und man konnte den Erfolg in etwa abschätzen. Hier aber tappte ich völlig im Dunkeln.

Im kleinen neuen „Familien-Apartment“ bereiteten wir 426 Kuverts mit den Wettbewerbsbedingungen und den Teilnahmeformularen vor. Die sollten am Morgen nach der Gemeinderatssitzung durch die Post den privaten Hausbesitzern zugestellt werden, damit alle gleiche Startbedingungen hatten. Die Stadtverwaltung hatte uns die Anschriften auf Etiketten ausgedruckt - die Zusammenarbeit klappte ausgezeichnet.

Immer wieder ging uns durch den Kopf, wann wir die Angelegenheit als Erfolg verbuchen könnten. Wir einigten uns, daß wir bei vierzig Teilnehmern sagen könnten, die Sache sei nicht im Sande verlaufen. Vierzig neu gemachte Häuser – das ist schon ein Erfolg, immerhin rund zehn Prozent der 426 Hausbesitzer.

Im „Stadtanzeiger“ war zu lesen, daß im ersten Tagesordnungspunkt eine ehemaliger Gröditzer seine Vorstellungen zur Ortsverschönerung bekanntgeben wollte. Die Sitzung war öffentlich, der Saal war brechend voll.

Kurz vorher konnte ich den Sohn eines Schulkameraden zum Mitmachen bewegen – den ersten Teilnehmer hatte ich.

In meiner Rede sagte ich, daß ich mich nach der Übertragung meines Unternehmens neuen Aufgaben widmen möchte unter dem Leitspruch „Wenn Du einen Zustand verbessern kannst, dann schiebe das nicht auf die lange Bank, sondern schreite sofort zur Tat. Das Gegenteil vom Unternehmer ist der Unterlasser." Durch den Wettbewerb „Gröditz soll schöner werden" will ich zwei Ziele erreichen: Zum einen soll Gröditz für Handel und Gewerbe, also für eine ausgewogenere Beschäftigungsstruktur, attraktiver werden. Zum anderen sollen die Gröditzer Bürger Freude an ihren Häusern und an ihrer Stadt haben, um dadurch eine positivere Lebenseinstellung zu gewinnen. Ich drückte meine Hoffnung aus, daß durch diese Aktion ein Stein ins Rollen gebracht wird, der eine Lawine auslöst, damit die Bewohner Eigeninitiative entwickeln und ihr Schicksal selbst in die Hand nehmen. Jeder ist seines Glückes Schmied. Dann machte ich die Stadtväter mit den Wettbewerbsbedingungen bekannt.

Gröditz soll schöner werden

Nach meiner Rede gab es viel Beifall, aber man spürte auch eine Befangenheit, eine gewisse Sprachlosigkeit über das Unerhörte. Unausgesprochen hing die Frage in der Luft: „Ist das ehrlich gemeint, oder was steckt hier dahinter?"

Längst hatten die Bürger der neuen Bundesländer ihre Erfahrungen mit westlichen Geschäftemachern hinter sich, die hier die schnelle Mark kassierten.

Konnte ich es ihnen verdenken, daß manche ungläubig staunten. Die Skepsis dauerte nicht lange.

In den folgenden Tagen setzte ein Ansturm auf das Bauamt ein, die Menschen standen Schlange auf der Rathaustreppe, um sich eintragen zu lassen. Nach vier Tagen hatten sich über einhundert Teilnehmer gemeldet und ihre ICH-MACHE-MIT-Schilder an den Häusern angebracht. Einer steckte den anderen an. So war das auch gedacht. Der Fleiß und die Tatkraft der Sachsen war trotz der siebenundvierzig Jahre Sozialismus ungebrochen.

Alle zwei Tage rief ich bei Frau Nofz im Bauamt an, um mich über die Teilnehmerzahl zu informieren. Es war wie in POLSTER-RICHTER-Zeiten. Nach den ersten hundert Teilnehmern kamen kaum noch Anmeldungen, weil es kein Geld mehr gab.

„Schmiede das Eisen, solange es heiß ist", sagte ich mir und überschlief die Situation. Am nächsten Morgen rief ich Herrn Dr. Kipsch an und informierte ihn, daß ich für weitere einhundertfünfzig Teilnehmer je 1.000 DM Renovierungszuschuß bereitstelle.

Herr Petrich, den ich dafür gewinnen konnte, in den nächsten fünfundzwanzig Monaten in allen Zeitungen darüber zu berichten, griff das sofort auf. Weiter schrieb ich alle „Mitmacher" in einem persönlichen Brief an, ihre Nachbarn zu bitten teilzunehmen, da es ja außer den Gewinnerpreisen nun noch zusätzlich 1.000 DM für jeden gab.

Meine Schulkameraden, die gleich zu Anfang bei der Anbringung des Werbematerials mithalfen, staunten, als die zweite Welle der Wettbewerbsteilnehmer anrollte.

In der Zwischenzeit hatte ich den sächsischen Ministerpräsidenten Prof. Dr. Biedenkopf als Schirmherrn gewonnen.

Am 30. September kamen die mittlerweile hundertzweiundvierzig Teilnehmer zu einer Informationsstunde in den Saal der Oberschule.

Da ich von Gartengestaltung nichts verstehe, erklärte sich Herr Raible bereit, diesen Part zu übernehmen und bot seine Unterstützung während der zwei Jahre an. Zu unser beider Freude wird davon rege Gebrauch gemacht.

Meine Rede stellte ich unter das Motto:
„Niemals war mehr Anfang als jetzt."

Aufgrund des starken Anfangserfolges gab ich unser Ziel bekannt, mindestens zweihundertfünfzig „Mitmacher" zu gewinnen.

Da durch die große Teilnehmerzahl die Gewinnchancen geringer wurden, setzte ich für jeden der beiden Wettbewerbe zusätzlich eine Verlosung von fünfmal 3.000 DM aus. Das war ein weiterer Anreiz mitzumachen.

Ich sagte den Teilnehmern: „Das Schild ‚ICH MACHE MIT' ist Ihr persönliches Bekenntnis zu einer positiven Zukunft. Die großen Schilder an den Ortseingängen ‚WIR MACHEN MIT' sollen die Gemeinsamkeit der Aktion und den Glauben bekunden, daß es trotz der augenblicklichen hohen Arbeitslosenrate überall in den neuen Bundesländern aufwärts geht." Eindringlich empfahl ich die Nachbarschaftshilfe zur Eigenleistung. „Die Bautätigkeit ist die Konjunkturlokomotive der Wirtschaft. Putzen Sie Ihr Haus so heraus, daß Sie jeden Tag von neuem Freude daran haben! Schließlich ist es Ihr Besitz. Ihnen muß es als erstem gefallen."

Ich kündigte an: „Wenn zweihundertfünfzig Häuser in Gröditz renoviert sind, wird ein großes Fest gefeiert!"

Zum Schluß kam ich auf die jüngste Vergangenheit zu sprechen:
„Ich habe Ihnen gegenüber den großen Vorteil, daß ich unvoreingenommen bin. Mir ist nicht bekannt, wer in der SED war und wer für die Stasi gearbeitet hat. Mir muß das auch gleichgültig sein,

wenn er nur heute seine ganze Kraft für die wirtschaftliche Erneuerung in den neuen Ländern einsetzt. Darauf allein kommt es an.

Wir Westdeutschen sollten uns davor hüten, selbst die Merkmale von Schuld und Vergeltung definieren zu wollen. Selbst zuzugeben, daß wir unverdienterweise zu den Begünstigten der Geschichte gehören, bewahrt uns vor Hochmut.

Freimütig gestehe ich Ihnen, daß auch ich trotzdem meine Probleme habe, so zu Ihnen zu sprechen, daß Sie meine Aktivitäten und meine Empfehlungen nicht als Einmischung empfinden. Ich kenne Ihre hohe Sensibilität, die zu einem großen Teil darauf zurückzuführen ist, daß sich ungeschickte westliche Bundesbürger hier aufspielen, als würden die Bürger der ehemaligen DDR noch im Lendenschurz herumlaufen. Solche taktlosen Dummköpfe haben überhaupt nicht begriffen, wer es war, der die Wiedervereinigung vollbrachte. Wir im Westen müssen uns darüber im klaren sein, daß unsere Brüder im Osten diese friedliche Revolution zustandegebracht haben. Erst still, friedlich mit Kerzen in den Händen, Montag für Montag, zunächst in den Kirchen und dann, als diese die Massen nicht mehr fassen konnten, auf den Straßen; für Millionen weltweit im Fernsehen übertragen.

Damals waren die Ziele klar:

„Freiheit – Menschenwürde – Gerechtigkeit."

Wir im Westen haben allen Grund, Ihnen für Ihren mutigen Einsatz dankbar zu sein. Deshalb betrachte ich es als Selbstverständlichkeit, mich in Gröditz zu engagieren."

Am Tag nach der Informationsstunde begann der erste Wettbewerb.

Bis Ende Mai 1993 haben sich mit zweihundertachtzig Teilnehmern zwei Drittel der Hauseigentümer zum Mitmachen entschlossen. Es gibt Straßen, in denen jedes Haus eine neue Fassade erhält. In meinen kühnsten Träumen hätte ich nicht zu hoffen gewagt, daß diese Aktion ein solcher Erfolg wird. Mit Freude male ich mir aus, wie Gröditz am Ende des zweiten Wettbewerbs in frischem Glanz erstrahlt.

Zu meinem 70. Geburtstag hatte ich für den 15. November einhundertfünfzig Freunde zu einer Rheinfahrt bis zur Loreley eingeladen. Falls jemand ein Geburtstagsgeschenk machen wollte, hatte ich um eine Spende für die Renovierung der Gröditzer Röderbrücke, direkt neben meinem Geburtshaus, gebeten. Über 20.000 DM kamen zusammen.

Zu den Gästen zählten auch der Gröditzer Bürgermeister und der Stadtverordnetenvorsteher Dr. Kipsch. Meine Stargäste waren der achtundachzigjährige Dr. Niethammer von der ehemaligen Gröditzer Zellstoffabrik. Er hatte mit seinem Sohn und seinen drei Neffen das 1945 enteignete sächsische Stammwerk, die Papierfabrik in Kriebstein, nach der Wende zurückgekauft und wieder in Betrieb genommen. Er ist dort noch immer aktiv tätig. Und dann der Sattlermeister Beißwanger aus Göggingen, dessen Eltern mich nach der Kriegsgefangenschaft wie ihr eigenes Kind aufnahmen.

Mein Freund Hans Ambrosi, der über zwanzig Jahre Leiter der Hessischen Staatsweingüter in Eltville war, gab eine Weinprobe aus den Lagen, an denen die „Robert Stolz" gerade vorbeifuhr.

Bei meiner Begrüßungsansprache erwähnte ich auch unseren eigenen Weinkonsum: „Der deutsche Mensch trinkt pro Jahr durchschnittlich fünfundzwanzig Liter Wein. Meine Frau und ich haben das repräsentative Mittel bereits Ende Januar erreicht."

Nach zwei weiteren Ansprachen kam die große Überraschung: Der Gröditzer Bürgermeister verlieh mir die Ehrenbürgerschaft meiner Geburtsstadt. Selten war ich so verlegen wie bei der Überreichung dieser Urkunde. Es war die erste öffentliche Ehrung, die mir in meinem Leben zuteil wurde.

Ein ehemaliger Lehrling von mir, heute Raumausstattermeister, beglückwünschte mich und sagte in seiner trockenen Rheingauer Art:

„Das hätte sich für die Winkler schon längst gehört."

Ich sehe das nicht so. Längst bin ich ein Rheingauer geworden, und bekanntlich gilt der Prophet im eigenen Lande nichts.

Als unser Schiff am Loreleyfelsen vorbeifuhr, nahm ich meine Trompete und blies „die Loreley". Makellos! Ich hatte seit acht Tagen geübt.

Für den großen Beifall bedankte ich mich mit den Worten: „Solchen Applaus hätte ich mir einmal auf einer Betriebsversammlung gewünscht!"

Am 30. September 1994 ging der zweite Wettbewerb „Gröditz soll schöner werden" zu Ende.

Jedes renovierte Haus, jeder blühende Vorgarten erfüllt mich mit Freude. Selbstverständlich wäre auch ohne meine Initiative einiges passiert, denn manche hatten schon mit Renovierungsarbeiten begonnen. Für viele war meine Aktion der letzte Anstoß mitzumachen.

Längst ist mit den Stadtvätern und Herrn Raible besprochen, daß es nicht nur bei dieser ersten Maßnahme bleibt. Vor allem in der Begrünung der Stadt sehe ich noch ein großes Betätigungsfeld. Durch den Abbau der veralteten Industrieanlagen ist die Umweltverschmutzung zurückgegangen. Die Haut- und Atemwegserkrankungen lassen nach, die Röder wird sauber und die Bäume wachsen. Es lohnt sich, Grünanlagen zu gestalten.

So wird Gröditz nun für mich zu meiner letzten großen Aufgabe. Es ist ein unbeschreiblich schönes Gefühl, Gedanken ohne störende Einflüsse verwirklichen zu können. Ich hätte nicht geglaubt, daß mir im Alter noch einmal ein solches Glück zuteil wird.

Der sprichwörtliche Fleiß der Sachsen zeigt sich heute für mich in Gröditz durch die große Beteiligung an der Stadtverschönerung. Aber auch eine Portion Pfiffigkeit sagt man uns nach. Ein junger Wettbewerbsteilnehmer nannte mir sein Motiv zum Mitmachen: „Nu, wissen Se, zweitausend Mark ham oder nich ham sind viertausend Mark Differenz. Da muß man doch mitmachen."

Wir Sachsen, wir sind helle,
das wees de ganze Welt.
und wenn mir ooch mal dusslig sin,
dann ham mir uns verstellt.

Kapitel 3

Sechs Jahre danach

Zur Zeit sind meine Frau und ich in Winkel im Rheingau, unserer zweiten Heimat, wo ich über vierzig Jahre gearbeitet habe.

Wir schreiben den 7. September 1998.

Ich gehe meinen Lieblingsspaziergang von unserem Haus am Rhein durch die Weinberge in Richtung Schloß Johannisberg.

Heute vor achtzig Jahren haben meine Eltern geheiratet.

Wenn es Abend wird, hat man mehr Zeit zum Nachdenken.

So mir der Herr das Leben läßt, werde ich im November 76 Jahre.

Ab meinem siebzigsten Lebensjahr durfte ich Dinge bewirken, die ich vorher nie für möglich gehalten hätte. An all den Arbeiten habe ich eine ungeheure Freude. Ich hätte nie geglaubt, daß ich noch einmal diesen Segen erfahre, mit der Kraft und Gesundheit, die mir der liebe Gott noch in diesem Alter mitgegeben hat.

Wie oft habe ich in den letzten Jahren darüber nachgedacht, wie ich dem Schicksal dankbar sein kann, daß der damalige Betrieb an die Gemeinde Gröditz zwangsverpachtet werden mußte. Sonst wäre ich nie in den Westen gegangen.

Meine Unternehmerlehrzeit begann damals in Gröditz. Heute gebe ich nur ein Stück von dem zurück, was ich hier vor fünfzig Jahren empfangen durfte.

Mehr nicht.

In lustiger Runde spöttele ich gern:

„Es ist die infamste Ausbeutung des Menschen durch den Menschen, wenn man einen siebzigjährigen, sozial eingestellten, ausgedienten Unternehmer, der ein bißchen betucht ist und noch in der vollen Kraft seines Schaffens steht, zum Ehrenbürger macht. Dann kann man ihn nämlich bis an das Ende seiner Tage ausbeuten. Das ist dem

Bürgermeister der Stadt Gröditz und seinen Stadtverordneten in vollem Maße gelungen.
Glückwunsch!“

Schon seit einem Jahr wollte ich mein Buch mit den Erlebnissen der letzten Jahre weiterschreiben.
Nie hatte ich rechte Muße.
Urplötzlich, als ich heute durch die Weinberge ging und an das Ehejubiläum meiner Eltern dachte, wußte ich, daß ich heute beginnen werde. Wie oft haben mich diese Weinberge schon erfreut und wie oft haben sie mir Kraft für meine Gedanken gegeben. Nun stehen sie Anfang September in voller Frucht. Die Trauben sind groß und gesund. Jetzt fehlt uns Rheingauern nur noch viel Sonne, damit sie bis Oktober reifen können. Es ist immer ein erhebendes Gefühl, diesen Weg mit dem Blick auf Schloß Johannisberg zu gehen. Weit überragt und prägt es diese herrliche Rheingauer Landschaft.

Schloß Johannisberg liegt etwa fünfzig Meter über der Straße, und die Weinberge führen in einem Winkel von ca. dreißig Grad nach oben. Mitten in dieser Schräge läuft der fünfzigste Breitengrad, der von hier über Mainz führt.

Wenn man oben vor dem Schloß auf der für alle zugänglichen Freiterrasse steht, schweift der Blick von den Silhouetten der Stadt Mainz den Rhein entlang über den Bismarckturm von Ingelheim bis nach Bingen und Rüdesheim bis hin zur Germania.
Auf der hiesigen Rheinseite sieht man nur Weinberge, ein großes, grünes Meer. Ein herrlicher Anblick!
In dieser wunderschönen Landschaft hat unser Herrgott das Füllhorn seiner Gnade in überreichem Maße ausgegossen.

In der Mitte meines Weges steht ein Gebetshäuschen am Fuße des Hanges. Es hat einen Durchmesser von etwa vier Metern, ist aus Bruchsteinen gemauert und mit einem Betondach abgedeckt. Wunderschön paßt es in die Landschaft. Obwohl es zum Besitz von Schloß Johannisberg gehört, wird es vom hiesigen Rentnerehepaar Odenheimer liebevoll gepflegt.

Dort halte ich kurze Rast und verrichte mein Gebet.

Schon mein Vater saß auf der kleinen Bank, um sich auszuruhen, wenn er hier zur Jagd ging.

In der kleinen Kapelle steht eine Tonplastik aus dem Jahr 1964, etwa siebzig Zentimeter groß. Sie zeigt Christus in der Kelter. Anneliese Degen schuf hier eine Christusfigur, die gebeugt ist und auf deren Rücken die Spindel einer Weinkelter drückt. Links und rechts brennen zwei Kerzen. Auf dem Fußboden steht eine Pflanzschale mit kleinen roten Röschen.

Auf der Innenseite der Bruchsteinmauer lesen wir einen Spruch vom Heiligen Augustinus aus dem Jahr 430:

„Wer zum Dienste Gottes hinzutritt,
Der wisse, daß er zur Kelter gekommen ist.
Er wird bedrängt, zerstampft, niedergetreten,
Aber nicht, um in dieser Welt zugrunde zu gehen,
Sondern um hinüberzufließen
In die Weinkammern unseres Gottes."

Früher habe ich diesen Spruch viel seltener gelesen. Heute fasziniert er mich. Man hat mehr Muße, darüber nachzudenken.

Wer die ersten fünfzig Seiten meines Buches liest, könnte zu der Feststellung gelangen: „In der Jugend manchen Lastern zugetan – im Alter Betbruder". Meines Erachtens ist das eine recht natürliche Entwicklung. Gläubig war ich immer, aber vielleicht verstärkt sich dieses Empfinden mit zunehmendem Alter.

Auch mit der Dankbarkeit ist es wohl so. Meine Frau, die mir besonders in den letzten sechs Jahren sehr viel Unterstützung gab, sagte vor einem Jahr einmal zu mir: „Du hast noch nie so viel von der Dankbarkeit gesprochen wie in der letzten Zeit." Es sind einfach Gefühlsbewegungen, die ich ausdrücke.

Wann konnte ich während meiner beruflichen Laufbahn jemals so frei und fröhlich arbeiten? Ohne größeren störenden Einfluß? Die letzten Jahre waren einfach herrlich und entsprachen meinem großen Harmoniebedürfnis ganz besonders.

Jeden Tag gehe ich eine Stunde allein durch die Weinberge.
Es ist der Vorzug des Alters, sich mit den Jugendjahren befassen zu dürfen.
An die viereinhalb Jahre denke ich, als ich im Krieg Soldat war. Als Wilhelm Strienz „Heimat, Deine Sterne" sang. Er war das starke Bindeglied zwischen Front und Heimat.
Heimat – welch ein starkes Gefühl!
Das spüre ich heute in Gröditz.

Wo überall standen deutsche Soldaten! In Rußland, Italien, Griechenland und Afrika. In Frankreich, in Norwegen, die U-Bootfahrer auf allen Weltmeeren.
Wieviel Hoffnung und Sehnsucht lebte in uns allen, die Heimat einmal wiederzusehen, Weihnachten zuhause feiern zu dürfen!

Und dann wurden viele hingerafft. Ruhen in fremder Erde. Wieviel Mütter weinten um ihre Söhne. Wieviele Frauen um ihre Männer. Wieviele Kinder lernten ihre Väter nie kennen. Welches Heldentum vollbrachten diese Mütter nach dem Krieg, vor allem, wenn sie aus den Ostgebieten vertrieben wurden und nun die Sorge und Erziehung ihrer Kinder allein tragen mußten. Heimatlos. Das Gedächtnis voll belastender Erfahrungen und entsetzlicher Erlebnisse auf der Flucht.
Psychologische Betreuung war damals ein Fremdwort.

Wer so etwas miterlebt hat, wird es niemals vergessen. Man wird demütig, das alles schadlos überstanden zu haben.

In mein tägliches Morgengebet schließe ich meine fünf gefallenen Schulfreunde und Kriegskameraden ein, die nicht einmal das 22. Lebensjahr erreichten. Ich empfinde eben eine ungeheure Dankbarkeit, daß ich gesund durch den Krieg gekommen bin, daß ich ein so erfolgreiches Unternehmen wie POLSTER RICHTER aufbauen durfte und daß ich jetzt in meiner Geburtsstadt Gröditz noch so aktiv sein kann. Daß ich helfen kann beim Aufbau Ost.

Man erlebt im Alter das Dasein viel bewußter.
So kann ich aus voller Überzeugungskraft sagen, die letzten fünf Jahre gehören mit zu den interessantesten Jahren meines Lebens.
Darf ich mich nicht glücklich preisen, mit 76 zu einer solchen Feststellung zu kommen?

Wir Westdeutschen haben unseren Landsleuten im Osten so viel zu verdanken. Waren sie es doch, die in all den Jahren durch ihr Zuhausebleiben bewirkten, daß ihre Heimat nicht zur russischen Kolonie wurde.

Wir hatten das Glück, uns wirtschaftlich frei entfalten zu können.
Wieviel Vermögen wurde im Westen auf breiter Basis geschaffen?
Und wo stehen unsere Mitbürger im Osten heute?
Das sollten wir Westdeutschen nie vergessen.

Die Furcht vor dem großen militärischen Zusammenprall zwischen Ost und West auf deutschem Boden, vor dem Millionen Westdeutsche über vierzig Jahre lang gezittert haben, war auf einmal wie weggeblasen. Die Grenze, an der bis zum 9. November 1989 noch Deutsche auf Deutsche geschossen hatten, gibt es nicht mehr. Täglich sollten wir Rückbesinnung üben und Gott dafür danken.

Welche Gnade wurde unserem Volke mit der Wiedervereinigung unseres Vaterlandes zuteil!

In fünfzig Jahren wird man Kohl und Genscher Denkmäler setzen, daß sie es fertiggebracht haben, für achtzig Milliarden Mark die Russen aus unserem Land zu bekommen.
Zwei Jahre später wäre das gar nicht mehr möglich gewesen, weil es den Vertragspartner, die Sowjetunion, gar nicht mehr gab.

Ich sehe in den neuen Bundesländern heute bereits blühende Landschaften. Man muß nur die Augen aufmachen und eine grundsätzlich positive Lebenseinstellung bekommen. Keiner von den notorischen Miesmachern möchte nämlich heute wieder mit einem „Wartburg" durch die Gegend fahren müssen.
Für mich ist Sachsen das Tor zum Osten, und Gröditz hat einen günstigen Standort. Wir Sachsen hatten vor dem Zweiten Weltkrieg den

höchsten Exportanteil aus dem ganzen Deutschen Reich. Daß dem wieder so werden möge, ist mein tiefer Wunsch. Nur soll keiner glauben, das ginge von heute auf morgen. Dazu werden noch Jahrzehnte nötig sein.

Unternehmer haben eine positive Grundhaltung. Und ich kann dieses optimistische Denken jedem anderen - und vor allem auch älteren Menschen – nur empfehlen. Frohsein hält jung und gesund. Ich möchte jedem Rentner raten, sich zu betätigen, solange er kann.

Jeden Morgen setze ich mir ein Ziel. Manchmal gelingt mir das Tagespensum nicht. Im Alter geht alles schwerer von der Hand. Dann teile ich mir die Strecke ein und freue mich auf den neuen Tag.

Kapitel 4

Respekt vor der Vergangenheit

Nun möchte ich über meine interessante Tätigkeit der letzten Jahre berichten und hoffe, daß ich sie genauso lebendig schildern kann, so spannend, wie ich sie erlebt habe.

Aus 280 Teilnehmern am Häuserverschönerungswettbewerb wurden schließlich 370. Angeregt durch diese große Zahl sagte ich mir, das läuft alles so gut, da brauchst du dich jetzt vorerst gar nicht mehr drum kümmern.
Was gibt's für neue Betätigungsfelder?

Gerade als ich den Auftrag zur Restaurierung der Röderbrücke an meinem Elternhaus erteilen wollte, kam das Gerücht auf, die Brücke

würde abgerissen. So rief ich den Leiter des Straßenverkehrsamtes in Meissen an und fragte ihn, ob da etwas dran sei. Er versicherte mir, daß in Gröditz die Straßen völlig aufgerissen und erneuert werden und im Zuge dieser Maßnahmen wäre auch eine neue Röderbrücke vorgesehen.
Was also mit den 20.000 DM tun, die meine Freunde zu meinem Geburtstag für Gröditz gespendet hatten?

Ich trug Herrn Bürgermeister Bölke und Herrn Dr. Kipsch meinen Wunsch vor, für dieses Geld ein Mahnmal für die Gefallenen aus dem letzten Krieg 1939–1945 zu errichten. Freimütig gestehe ich, daß ich in erster Linie an meine fünf gefallenen Kameraden aus Gröditz dachte.

Die Dinge nahmen nun sehr rasch Gestalt an, und es fand ein erstes Gespräch mit Herrn Raible statt, dem Gartenbauarchitekten aus Mainz.

Den Bürgermeister und Herrn Dr. Kipsch informierte ich dahingehend, daß jede von mir in Gröditz geplante Maßnahme mit ihnen abgesprochen wird. Sollten mir Steine in den Weg gelegt werden, so ziehe ich mich zurück. Für Anregungen jeder Art bin ich sehr dankbar, aber ich gehe meinen eigenen Weg. Die letzte Entscheidung bleibt bei mir.

Vor dem alten Kriegerdenkmal (1914–1918) – gegenüber der evangelischen Kirche – sollte das neue Mahnmal errichtet werden.

Das alte Denkmal ist achteckig und hat einen Durchmesser von etwa sechs Metern. An vier Seiten sind die Namen der im Ersten Weltkrieg Gefallenen mit dem Todesdatum auf Bronzeplatten eingegossen. Da an diesen Platten in all den Jahren nichts gemacht wurde und wir von Glück reden können, daß das Denkmal während der russischen Besatzungszeit nicht entfernt wurde, sind die Bronzetafeln nun total verwittert; die Namen nicht mehr lesbar.

Dr. Kipsch machte den Vorschlag, diese Tafeln abzunehmen, sie reinigen zu lassen und dann wieder neu anzubringen.

Dieses Mahnmal ist aus Lausitzer Granit gefertigt. Das ist ein grauschwarzweißes hartes Felsgestein.

Der Entwurf von Herrn Raible sah zwei liegende und einen stehenden Granitblock mit Inschriften vor aus dem gleichen Material wie das alte Denkmal. Der Boden ist mit Granitpflaster ausgelegt und stellt einen Kugelbaum dar, dessen Krone rund um das alte Denkmal verläuft, sich im Stamm etwas verjüngt und anschließend einen breiten Sockelfuß zum Eingang hin bildet. Fahnenmasten und Bänke runden das Ganze ab. Das neue Mahnmal steht also in geschlossener Verbindung vor dem alten Monument.

In enger Zusammenarbeit mit Herrn Dr. Kipsch wurden die Inschriften festgelegt. Auf dem ersten Stein steht „Den Opfern des Fanatismus", auf dem zweiten „Ihr Lebenden, seid tolerant und wachsam" und auf dem stehenden Block die Jahreszahlen 1939–1945.

Das Denkmal wurde so von den Stadtverordneten genehmigt und Herr Raible gab die einzelnen Arbeiten in Auftrag. Als wir die Bronzeplatten des alten Denkmals abnahmen, stellten wir fest, daß das Ganze 1923 nur in Sand versetzt war. Es fiel völlig auseinander, und wir konnten nur die alten Steine von Grund auf reinigen lassen, bauten ein Fundament und versetzten nicht nur den oberen Teil, sondern die gesamte achteckige Umrandung in das neue Fundament.

Es sei bemerkt, daß das Denkmal zu restaurieren im Endeffekt fast genausoviel gekostet hat, wie das neue Mahnmal selbst. Beide Gedenkstätten bilden jetzt eine geschlossene Einheit, die auch von fremden Besuchern bewundert wird.

Das mit dem Bewundern war allerdings am Anfang nicht so. Etwa vier Monate lagen die drei großen wuchtigen Steinquader auf dem Denkmalsplatz und niemand konnte sich vorstellen, wie das Ganze mal mit den Inschriften aussieht. Wir mußten mancherlei Gespött über uns ergehen lassen.

Logischerweise hatten wir 1993 von Denkmalsgestaltung eine andere Vorstellung als unsere Altvorderen 1923. Auf alle Fälle haben wir eines bewirkt: Denk-Mal. Es wurde gedacht, es wurde viel über dieses Denkmal nachgedacht. Die Inschriften sind ein Verdienst von Dr. Kipsch. Wir alle dürfen ihm dankbar sein, daß er eine so außergewöhnliche Ausdrucksform gefunden hat.

„Ihr Lebenden, seid tolerant und wachsam!"

Ich kann mir keine bessere Mahnung für die zukünftigen Generationen vorstellen als diese Inschrift.

Toleranz ist ein Vernunftgebot – aber oft nur schwer zu realisieren. So sind die zu bewundern, die in der DDR unter dem Regime der Ideologen am Fortkommen gehindert waren oder gar Ärgeres erfuhren und jetzt die Hand ausstrecken zur sinnvollen Arbeit. Auch ich frage nicht, was einer war in der DDR-Zeit. Wichtig ist mir, wie er sich jetzt ins Zeug legt. Aber dennoch denke ich mitunter darüber nach, was geschehen wäre, wenn die Dinge gerade anders gelaufen wären („Den Sozialismus in seinem Lauf halten weder Ochs noch Esel auf!") Wäre da uns Westdeutschen gegenüber Toleranz geübt worden?

Am 15. Mai 1994 war die Denkmalseinweihung. Die sehr anspruchsvolle Festrede hielt Dr. Kipsch, wobei er darauf verwies, daß sich der Fanatismus als das eigenliche Übel mit seiner Blutspur wie ein roter Faden durch die Jahrhunderte zieht. Zum Abschluß seiner Rede mahnte er:
„Haltet ein, seid tolerant mit jenem Augenmaß, das die Wachsamkeit nicht ausschließt, auf daß nicht weitere Denkmäler für Todesopfer dieser Art entstehen!"

Kapitel 5

Wie Gröditz schöner wurde

Im Zuge der Aktion „Gröditz soll schöner werden“ gab es noch einen großen dunklen Fleck. Das war die Schule, in die ich von 1928 bis 1936 gegangen bin und die direkt an der Hauptstraße liegt. Als ich den Bürgermeister darauf ansprach, wurden wir recht bald einig, daß ich die Vorderfront nach der Hauptstraße und die Seitenwände renovieren und neue Fenster einsetzen ließ. Das neue Dach übernahm die Stadt. Ein Jahr später machte ich dann auch noch die andere Seite, so daß die Schule heute ein Schmuckstück von Gröditz ist.

Da die Renovierung der Privathäuser zügig voranging, entschlossen sich auch Baugesellschaften, nach und nach ihre großen Wohnblocks, die z. T. aus Plattenbauten bestanden, zu renovieren. Die älteren Häuser wurden neu verputzt und in Pastellfarben gestrichen. Die Plattenbauten bekamen z. T. vorgehängte Balkone, so daß sie jetzt ein aufgelockertes Bild bieten.
Ich bin glücklich darüber, daß es heute in Gröditz fast keinen alten Wohnblock mehr gibt. Alle strahlen in frischem Glanze.

Am 1. Oktober 1993 trat die Jury der Hausverschönerungswettbewerbe zum ersten Mal in Aktion. Es waren dies Herr Raible aus Mainz, Herr Dr. Kister aus Erfurt und Herr Wille, der stellvertretende Bauamtsleiter aus Riesa. Damals ahnte wohl niemand, daß diese drei Herren vier Jahre lang hintereinander die Jury für diese Häuserbegutachtung bildeten. Mein Cousin Raimund Wendt und sein Schwager Volkmar Bretschneider zahlten, nachdem sie die Häuser abgenommen hatten, die Teilnehmerprämien aus:
Da alle Herren diese Tätigkeit ehrenamtlich verrichteten, sei ihnen hiermit mein großer Dank gesagt.

Am 2. Oktober 1993 war die erste Preisverleihung von insgesamt vier Jahreswettbewerben. Neben den fünf Siegerpreisen gab es noch fünf lobende Erwähnungen. Anschließend ging meine Frau mit einem Hut durch die Reihen, in dem sich Lose mit den Teilnehmernummern befanden. Bei jeder Siegerprämierung wurden noch fünfmal DM 3.000 ausgelost.

Meine Frau ließ jeden x-beliebigen Teilnehmer ein Los ziehen. Das konnte zur Folge haben, daß mancher ein Los für den gezogen hat, dem er die 3.000 DM nun wirklich nicht gönnte. Das Ganze wurde ein großes Fest und ein großer Spaß und alle freuten sich über den, der noch gewonnen hatte. Glücklicherweise habe ich nicht einen Fall von Beanstandungen erlebt, daß sich jemand benachteiligt fühlte. Es war für die Jury sicher nicht ganz leicht, unter den vielen Teilnehmern jeweils die fünf besten herauszufinden. Am Ende des 4. Wettbewerbs waren von ehemals 426 privaten Hauseigentümern 370 Häuser renoviert. Den Vogel schoß die „Alte Kolonie" ab. Früher war dieser Ortsteil das Armenhaus von Gröditz, wo man lieber einen Bogen drum machte. Heute ist diese Straße mein Lieblingskind. Hier hat sich fast jeder Hausbesitzer beteiligt.

Die Zahl von 370 Häusern hört sich leicht an. Nur wer mal gesehen hat, was dazu gehört, ein Haus in seiner gesamten Außenhülle einschließlich des Vorgartens neu erstehen zu lassen, kann ermessen, wieviel Leistung die Gröditzer Hausbesitzer erbracht haben.

Gerade dieses ständige neue Wachsen und Entstehen gab mir soviel Kraft, daß mir immer neue Ideen kamen, wo ich was in Gröditz erneuern oder verbessern konnte.

Am Ende eines jeden Wettbewerbs gaben wir unseren Teilnehmern ein kleines Erinnerungsstück mit. Einmal war es ein T-Shirt mit der Aufschrift „Gröditz soll schöner werden", ein anderes Mal eine Flasche Wein oder Sekt. Und am Ende des zweiten Wettbewerbs, als wir 147 Teilnehmer waren, bekam jeder einen Rosenstock für seinen Garten. Das sollte ein kleines Dankeschön sein für die Mithilfe der Gröditzer Hausbesitzer.

Wem in der ehemaligen DDR Grund und Boden geblieben war, der wußte sich immer in irgendeiner Form zu helfen, zumindest dergestalt, daß das Dach dicht war und es nicht reinregnete.

Jene Gröditzer Hausbesitzer waren es nämlich, die durch den kleinen Stein, den ich ins Rollen brachte, eine Lawine auslösten. Neben den Renovierungen entstanden nach und nach auch viele Neubauten, ja ganze neue Siedlungen, die das Stadtbild zum Wohle der gesamten Bevölkerung von Gröditz verändern. Wir wollen immer daran denken, daß es die Gröditzer selbst waren, die ihre Stadt schön gemacht und allen Bürgern ein Selbstwertgefühl gegeben haben.

Gerade bei der besonders hohen Arbeitslosigkeit in Gröditz ist es wichtig, die Menschen wieder aufzumuntern.

Wenn man von den wenigen Miesepetern absieht, kann man sagen, daß die Bevölkerung viel Freude an der neu entstandenen Stadt hat.

Heute ist Gröditz nicht wiederzuerkennen!

Kapitel 6

„Niemals war mehr Anfang als jetzt“

In meiner ersten Ansprache an die Wettbewerbsteilnehmer, die ich unter das Thema „Niemals war mehr Anfang als jetzt“ stellte, versprach ich den Teilnehmern, wenn in Gröditz 250 Häuser renoviert sind, wird ein großes Fest gefeiert.

Im Juli 1994 hatte ich die Freude, dieses Versprechen einzulösen und 340 Wettbewerbsteilnehmer für den 20. August 1994 zu einem großen Fest einzuladen. Jedem Teilnehmer schickte ich 30 Wertmarken zu je 1,– DM, mit dem sie Getränke oder Essen bezahlen konnten. Aus meiner zweiten Heimat Winkel im Rheingau kamen zwei Winzer mit ihren Weinständen und schenkten dort Wein zum Sonderpreis von 1,– DM pro Glas aus. Die Inhaber der Weingüter Allendorf und Schönleber waren von meinen Vorhaben in Gröditz so begeistert, daß sie sich sofort verpflichteten, ohne jeden Pfennig Gewinn zu diesem niedrigen Preis mitzumachen. Sie wollten auf diese Weise ebenso ihren Anteil beim Aufbau Ost leisten.

Natürlich war die gesamte Bevölkerung von Gröditz genauso eingeladen, aber die mußten eben ihre Zeche selbst bezahlen.

Es sei jetzt schon gesagt, daß es ein Fest über zwei Tage wurde, wie es Gröditz noch nicht erlebt hat.

Wir hatten zwei große Festzelte aufgestellt. Die Attraktion des Abends war eine achtköpfige Band und als Stargast trat Andrea Jürgens auf.

Nach meiner Begrüßung gab es einen großen bunten Abend.

Die Zelte faßten 800 Personen, und da wir vorher schon ahnten, daß das nicht reicht, wurden draußen noch weitere Bänke und Tische aufgestellt. Lautsprecher übertrugen, weithin hörbar, die Musik und meine Rede. Vor über 1.000 Menschen hatte ich in Gröditz noch nie gesprochen. Nach meinem Dank an die Wettbewerbsteilnehmer und an die Gröditzer Bevölkerung sprach ich die deutsch/deutschen Beziehungen an, ein heikles Thema.

Ich bedankte mich noch einmal für die vielen Briefe, die ich in den letzten Jahren von den Gröditzer Bürgern erhalten habe. Diese Briefe hatten eine Wärme, wie man sie von westlichen Bürgern heute wohl kaum mehr spürt.

Jede Zeit prägt ihre Menschen. So hatte Mangel und das Bespitzelungssystem der früheren DDR sicher zur Folge, daß die Menschen enger zusammenrückten und viel mehr Menschlichkeit und Herzlichkeit behielten, als bei uns im Westen. Das drückte sich besonders in einer Geschichte aus, die mir Franz Schönleber erzählte.

Er war mit seinem Stand auf dem Marktplatz in Leipzig anläßlich einer großen Weinverkaufsveranstaltung. Als guter Verkäufer sprach er ein Ehepaar an und bat sie, zu ihm zu kommen, um mal den wunderschönen Rheingauer Wein zu probieren. Die Leute lehnten ab „wir trinken keinen Wein, wir trinken nur Bier, das ist sehr lieb von Ihnen, aber bitte verstehen Sie das".

Na, die kannten Franz Schönleber schlecht. Er kam aus seinem Stand heraus, sprach die Leute nochmal an und bat sie, doch zu kommen. „Sie müssen ja gar nicht kaufen," sagte er, „probieren Sie doch mal, ich erwarte gar nicht, daß Sie bei mir kaufen, aber Sie sollen mal kosten, wie gut der Rheingauer Wein schmeckt". Er hat nichts anderes getan, als es jeder hartnäckige Verkäufer auch tut. Schließlich gelang es ihm, die Leute an den Stand zu bringen. Sie kosteten, probierten die eine und die andere Sorte. Er bedrängte sie derart, daß sie noch einen dritten, ja einen vierten Wein probierten. Die Sachsen haben sich höflich bedankt und gesagt: „Aber bitte, wir haben Ihnen ja gleich gesagt, daß wir keinen Wein kaufen. Nehmen Sie uns das nicht übel, wenn wir jetzt wieder gehen." Franz Schönleber: „Aber ich bitte Sie, das macht doch gar nichts. Ich habe doch nicht damit gerechnet, daß Sie kaufen. Ich wollte Ihnen ja nur mal unseren schönen Wein zu kosten geben."

Eine Sache, die im Westen hundertmal passiert und von der keiner Notiz nimmt. Nur die Leute lassen sich da nicht so sehr bitten und kommen gleich, wenn es etwas umsonst gibt.

Und nun kommt das Besondere an der Geschichte. Am nächsten Tag erscheint jenes Ehepaar wieder am Weinstand und übergibt Franz Schönleber und seiner Frau einen frisch gebackenen Kuchen. „Sie waren gestern so nett zu uns, wir haben uns so darüber gefreut. Wir wollten uns erkenntlich zeigen und haben Ihnen diesen Kuchen gebacken".

Das wäre im Westen nie passiert. Und hieran sieht man einmal, wie wir menschlich auseinander gedriftet sind. Diese menschliche Wärme, diese Herzlichkeit ist uns im Westen im Laufe der Jahre verloren gegangen.

Mich hat diese Geschichte so beeindruckt, daß ich sie dem großen Publikum erzählt habe. Sie beeindruckt, weil ich an die Zeit direkt nach der Währungsunion am 1. Juli 1990 dachte, als tüchtige Geschäftemacher aus dem Westen scharenweise in den Osten strömten und dort die Menschen in ihrer Unbefangenheit übertölpelt haben. Diese ausgebufften Verkäufertypen waren es, die den unseligen Grundstein legten für das Mißtrauen, das man im Osten gegen uns aus dem Westen hat. Ich hoffe und ich glaube sogar daran, daß ich mit meinem Wirken in meiner Geburtsstadt ein bißchen dazu beitragen kann, diese Spannungen zu verringern.

Und noch eine Geschichte von diesem großartigen, zweitägigen Fest, bei dem nicht nur Bier, sondern viel, viel Wein getrunken wurde. Bei uns im Rheingau ist es so üblich, daß man bei Weinfesten für das Glas einen Pfand nimmt. Normalerweise eine Mark. Das wollte ich nicht. Ich sagte zu den Rheingauern: „Bitte tut das den Gröditzern nicht an. Das sind ehrliche Menschen. Wir geben die Gläser ohne Pfand heraus. Solltet Ihr über den Glasbruch hinaus noch Verluste erleiden, dann stehe ich dafür ein. Wir wollen mal sehen, wie das Ganze läuft.“

Schon nach dem ersten Festtag lobten die beiden Winzerfamilien die Ehrlichkeit der Gröditzer Bevölkerung. Die Kinder machten sich eine Freude daraus, von Tisch zu Tisch zu gehen und die Gläser wieder einzusammeln.

Auch das wäre im Westen anders gewesen.

Nicht nur für die gesamte Gröditzer Bevölkerung, die an diesem zweitägigen Fest teilnahm, war das Ganze ein unglaubliches Erlebnis. Auch unsere beiden Winzerfamilien aus dem Rheingau konnten sich selbst davon überzeugen, was für sympatische Menschen in Gröditz leben.

Lassen Sie mich noch ein drittes Beispiel der großen menschlichen Wärme der Bürger der neuen Bundesländer bringen. Mein Schwager – also der Bruder meiner Frau Ingrid – durfte 1984 nach jahrelangen Bemühungen mit Frau und Kindern zwecks Familienzusammenführung zu uns in den Westen ausreisen. Alle Möbel konnte er mitnehmen, nur sein Auto mußte im Osten bleiben.

Mein Schwiegervater, der hochbetagt in Freiberg lebte, verstarb 1987. Die Beisetzungsfeier wurde zu einem großen Zeremoniell, da mein Schwiegervater dort an der Bergakademie Professor war. Meine Frau und ich erhielten die Einreisegenehmigung in die DDR. Seinem Sohn hingegen wurde sie von den dortigen Behörden verweigert. Welch ein menschenverachtendes System, das einem Sohn die Teilnahme an der Beisetzung des Vaters verwehrt!

Diese Worte schreibe ich denen ins Stammbuch, die auch heute immer noch den „Errungenschaften“ der damaligen DDR nachtrauern.

In Freiberg waren wir sehr beeindruckt von den Briefen und den Kondolenzbesuchen, die die Frau meines Schwiegervaters erhielt. Das waren alles sehr herzlich gehaltene Schreiben, denen man anmerkte, welche Mühe sich die Verfasser gegeben hatten, sich in die Seele der Hinterbliebenen einzufühlen.

Lediglich ein einziger Brief war eine vorgedruckte Karte, die nur mit der Unterschrift versehen war. Und ausgerechnet diese Kondolation kam aus Westdeutschland.

So prägt die Zeit die Menschen.

Kapitel 7

Die Röderstadt braucht ein Hotel

Nach den beiden Festtagen vom 20. und 21. August fuhren wir mit dem Ehepaar Mebesius in den Westen zurück.
Helmut Mebesius ist der Freund, der die meisten Talente in sich vereinigt. Er malt, ist Meisterkoch und Polizist. Vom bayerischen Dorfpolizisten hat er sich zum Direktor im Bundeskriminalamt in Wiesbaden hochgearbeitet. Am 1. August 1994 wurde er pensioniert.
Da wir seit Jahren in Teneriffa leben, hatte sich mein Freund Helmut bereit erklärt, meine Gröditzaktivitäten federführend zu begleiten. Investorensuche zur Beseitigung der Arbeitslosigkeit hatte erste Priorität.
So wurde er gleich zu Anfang mit der Wirtschaftsförderung in Dresden konfrontiert. Rein beiläufig erfuhr er dort, daß das ja nun mit dem Vogelpark bei Gröditz leider nichts geworden sei. Ich fragte nach, was ist das denn für ein Vogelpark, warum ist das nichts geworden? Ja, die Nachbargemeinden konnten wohl diesem Investor nicht das Gelände zur Verfügung stellen, was er brauchte.
Ich war wie vom Schlag getroffen.

Vogelpark und bei uns kein Gelände, das darf es doch wohl nicht geben. In Tiefenau, Koselitz, Pulsen, in Lichtensee, überall sind verschilfte Teiche – ein Paradies für Vögel. Haben denn die keine Augen im Kopf?

Da die Verwaltungen in den neuen Bundesländern bereits früh um acht mit ihrer Arbeit beginnen, bat ich Herrn Mebesius sofort am nächsten Morgen bei der Wirtschaftsförderung in Dresden anzurufen, um die Adresse von dem Investor des Vogelparks zu erfahren. Pünktlich um 8.30 Uhr muß die Anschrift auf meinem Schreibtisch sein, das war meine Forderung. Kurz nach 8 Uhr rief ich den Bürgermeister in Gröditz an und erfuhr von ihm, daß er Herrn Schliebusch aus Godesberg an die Gemeinde Tiefenau weitergeleitet hat. Was dann daraus geworden ist, war Herrn Bölke nicht bekannt.

Ruhig Blut, sagte ich mir. Auf alle Fälle mache ich mich sachkundig, was bisher gelaufen ist.

Pünktlich hatte ich die Daten mit der Telefonnummer aus Godesberg auf dem Tisch. Sofort rief ich Herrn Schliebusch an. Von seiner Frau erfuhr ich, daß er in einer Stunde zurück sei. Halbzehn kam mein nächster Anruf. Herr Schliebusch in Godesberg war ein sehr gesprächiger Mann, der all den Dingen sehr offen gegenüber stand. Er wollte einen Vogelpark errichten, größer als der im norddeutschen Walsrode, zu dem die Menschen aus der gesamten Bundesrepublik hinpilgern. Er betrieb das Projekt bereits seit zwei Jahren und war nach dem Scheitern in Thüringen durch einen puren Zufall auf Gröditz gestoßen.

Aber es sind ja oft im Leben die Zufälle. Wehe, man packt den Stier nicht bei den Hörnern!

In der nächsten Stunde ging mein Buch an Herrn Schliebusch heraus, damit er wußte, daß ich Investoren suchte. Für Montag der nächsten Woche verabredeten wir einen neuen Besichtigungstermin in Gröditz. Danach rief ich den Bürgermeister an und bat ihn, Kreise um Gröditz im 50 Kilometerumkreis zu ziehen und in 50, 100, 150, 200 und 300 km, die Einwohner zu erfassen. Unser größtes Hindernis war die damalige Tschechei. Denn hinter Bad Schandau, das etwa 80 km von uns entfernt ist, war bereits die tschechische Grenze. Der Vorteil lag aber andererseits darin, daß wir ganz Sachsen bestreichen konnten und Berlin mit einem ungeheuren Bevölkerungspotential von 4 Millionen in 130 km Entfernung erreichten.

Von Herrn Schliebusch hatte ich im ersten Gespräch erfahren, daß er sich in Ehrenfriedersdorf im Erzgebirge auch um ein Grundstück bemüht. Ich war taktvoll genug, nicht lauthals zu lachen bei Ehrenfriedersdorf, denn das lag gerademal 20 km von der tschechischen Grenze entfernt. Vor diesem Standort als Mitbewerber brauchte man bestimmt keine Angst zu haben.

Am besagten Montag trafen sich beim Bürgermeister in Gröditz sechs Herren, u.a. auch die Bürgermeister der angrenzenden Gemeinden, die Teiche hatten. Herr Schliebusch legte einen zwei Meter großen Plan auf den Tisch und stellte ein – für meinen laienhaften Begriff – perfektes Projekt vor. Jeder Erdteil hatte seine eigenen Häuser, in dem die Tiere untergebracht wurden. Anfängliche Bedenken wegen der schlechten Infrastruktur fegte ich vom Tisch, so schnell konnten die Teilnehmer überhaupt nicht schauen.

Immer wieder schoß mir durch den Kopf „und so einen dicken Fisch ließ man sich hier von der Angel gehen". Mir wurde mal wieder so richtig klar, welche Unterschiede zwischen Unternehmern und Verwaltungsbeamten bestehen. Obwohl doch gerade die wissen müßten, daß sie ihr Geld letztlich durch die Leistungskraft der Unternehmen beziehen.

In Tiefenau wurden wir fündig. Zwei Kilometer von Gröditz entfernt. Besser konnte es doch nicht sein.

Zwischenzeitlich ließ ich mir von meinem Nachbarn Walter Schäfer aus Teneriffa die Adresse des Hauptgeschäftsführers des deutschen Freizeitparkverbandes nennen und rief ihn an. Ich wollte einfach bei dem Gespräch mit Herrn Schliebusch und den Herren einen Vorsprung haben, damit ich zu erwartende Neins mit einem deutlichen Ja kontern konnte.

Geistigen Auges sah ich um Gröditz herum ein kleines Disneyland entstehen. 16 km von der Elbe entfernt, von unserem sächsischen Elbland träumte ich.
Es wurde Mittag und die Herren bekamen Hunger.

„Ich darf Sie hier zum Mittagessen einladen", sagte ich, als wir in Lichtensee vorbeifuhren. Mein Gast merkte sofort, daß wohl in Gröditz nicht die rechte Gelegenheit zum Mittagessen bestünde. „Kann ich denn wenigstens in Gröditz übernachten?", fragte Herr Schliebusch. Als wir ihm dann beichten mußten, daß es in Gröditz kein adäquates Hotel gebe, waren eigentlich die Würfel bereits gefal-

len. So schnell kann etwas gehen, so schnell kann man eine Ablehnung erfahren. Taktvoll aber bestimmt sagte Herr Schliebusch, „ich glaube kaum, daß Gröditz der richtige Platz ist, um hier dies Projekt durchzuziehen."
Nicht nur bei Herrn Schliebusch hatte es Klick gemacht; bei mir auch.

Gröditz brauchte ein Hotel. Schnellstens! Das stand für mich in diesem Moment fest.
Noch einmal darf uns so etwas nicht passieren.
Das war die Geburtsstunde vom SPANISCHEN HOF.

Kapitel 8

Aufbruch in neue Zeiten

Man sah allerorten, daß die Häuser schöner wurden, daß neue Häuser entstanden und mitten im Stadtkern baute die Familie Braun, die aus Kanada zurückgekommen waren, ein neues Einkaufszentrum.
1982 hatten sie ihre vier Möbelhäuser im Raum Freiburg im Breisgau wegen allgemeiner Unsicherheit in der Bundesrepublik verkauft.

Ich möchte nicht wissen, wieviel Westdeutsche aus Angst vor den Russen auf die kanarischen Inseln oder nach USA ausgewandert sind.

Nach der Wiedervereinigung erkannten die Brauns ihre große Chance in den neuen Ländern und kehrten zurück.

Wir hatten ja nun etwas vorzuzeigen. Es war nicht mehr der armselige Ort wie vor zwei Jahren, sondern es regte sich überall. Natürlich konnte ich mit der Beseitigung der Arbeitslosigkeit keine Weltwunder bewegen. Aber es müßte ein Anfang gemacht werden, und ich hatte einen Plan ganz besonderer Art.

Mir war klar, daß es sehr schwer sein wird, neue Investoren nach Gröditz zu bekommen. Handelsbetriebe, gleich welcher Art, gab es genügend. Was fehlt, sind Handwerks- und Industrieansiedlungen und vor allem das Dienstleistungsgewerbe.

Gerade das Dienstleistungsgewerbe ist in Deutschland und in Europa noch sehr unterbesetzt. Wenn wir die Verhältnisse von Amerika vergleichen, dann sehen wir allerorten, wie die sozial nicht so stark abgesicherten Bevölkerungskreise selbst ihr Schicksal in die Hand nehmen und sich in der Dienstleistung selbständig machen. Die Amerikaner kamen ja zu einem großen Teil aus Europa. Sie waren es gewohnt, als Pioniere tätig zu sein. Keiner half ihnen. Sie mußten aus dem Nichts heraus selbst etwas schaffen. Natürlich kamen ihnen die großen freien Flächen, die sie dann landwirtschaftlich besiedeln konnten, dabei sehr zugute. Die Amerikaner haben eben eine ganz andere Grundhaltung. Aus dem übervölkerten Europa wanderten sie vor mehr als 100 Jahren aus. Denen mußte etwas einfallen. Ich vergleiche es gern mit den Flüchtlingen, die nach dem Zweiten Weltkrieg aus Ostpreußen, Schlesien, Pommern und dem Sudetenland kamen.

Hier im Rheingau waren die ersten, die sich Häuser bauten, diese Flüchtlinge. Es blieb ihnen ja gar nichts anderes übrig; eine soziale Absicherung gab es nicht.

45 lange Jahre kannte man das Problem der Arbeitslosigkeit in der DDR nicht. Das Recht auf Arbeit war verbrieft.
Es mag sich doch niemand wundern, daß für die Bürger der neuen Bundesländer urplötzlich ein Problem kam, mit dem sie gar nichts anzufangen wußten. Das ist doch allzu natürlich.

Ein amerikanischer Theologe verglich einmal die DDR mit einem eingegipsten Arm. Er sagte: „Wenn Sie einen Arm 40 Jahre im Gips haben und Sie lösen dann den Gips, werden Sie den Arm nie mehr bewegen können!“

Da ist wohl etwas dran. Ich schätze, es wird noch 25 Jahre dauern, bis sich der Arm wieder vollkommen bewegt.

Der Amerikaner sagt: Was kann ich für mein Vaterland tun?
Der Deutsche fragt: Was tut der Staat für mich?
Das ist eben der große Unterschied!

In den USA kennt man kein Recht auf Arbeit. Dort heißt es, Vogel friß oder stirb. Das klingt zwar hart – ist aber rauhe Wirklichkeit.

Das Einkommen der Amerikaner liegt fast ein Drittel höher als in Deutschland. Viele haben eine Nebenbeschäftigung. Es ist nicht merkwürdig, nein, es ist logisch, daß die Menschen dort am strebsamsten sind, wo es die geringste soziale Absicherung gibt. Da ist nämlich jeder darauf angewiesen, sich selbst zu kümmern.

Was ich in Gröditz tue, wird von vielen bewundert. In Amerika würde man davon kaum Notiz nehmen. Dort ist es eine Selbstverständlichkeit für vermögende Bürger, sich sozial zu engagieren. Es gibt dort millionen-, ja milliardenschwere Stiftungen, von denen mitunter gar nicht bekannt ist, welche Quellen sie speisen.

Um im internationalen Wettbewerb bestehen zu können, werden wir in Deutschland umdenken müssen.

Die Forderungsgesellschaft, die stets nach der Hilfe des Staates ruft, wird zur Leistungsgesellschaft zurückkehren müssen.

Unser Staat kann nur das verteilen, was von allen Bürgern durch Leistung erwirtschaftet wird!

Eine Region blüht auf!

Sechs Wochen waren nun seit unserem großen Sommerfest mit Andrea Jürgens vergangen. Wir hatten jetzt die Freude, 147 Wettbewerbsteilnehmer des zweiten Wettbewerbs „Gröditz soll schöner werden“ zu ehren und hatten uns für den Tag etwas ganz Besonderes vorgenommen.

Von allen Reden, die ich in Gröditz gehalten habe, war diese Ansprache die wohl wirkungsvollste.

Nach der Siegerehrung mit der Preisverleihung kam der eigentliche Knüller:
Am 1. Oktober 1994 starteten wir die Aktion „Eine Region blüht auf“ unter der Überschrift 10.000 DM Belohnung. Das war der Aufhänger.

Bei der Wirtschaftsförderung in Dresden waren wir fündig geworden, daß es 800 verschiedene Förderprogramme für selbständige Unternehmen gab. Man mußte nur den glaubhaften Nachweis erbringen, was man vorhatte.

Sollte ich nun dem noch Geld in den Rachen werfen, der staatlich sowieso unterstützt wird?

In der Außergewöhnlichkeit der Maßnahmen lag schon immer mein Erfolg. So versprach ich dem „Anstifter“ (Sächsische Zeitung) DM 10.000 Belohnung, der jemanden nannte, der sich in Gröditz selbständig machte.
Arbeitsplätze mußten geschaffen werden, so oder so.
Angestellte der Stadtverwaltung schloß ich aus Korrektheitsgründen von der Prämierung aus. Ich wollte nicht, daß irgendeine Kungelei aufkommt und man unter der Bevölkerung sagt, ja die, die sowieso schon Arbeit haben, kriegen nun noch zusätzliches Geld.

Dem Grunde nach war es mir im Endeffekt völlig gleichgültig, ob der Vater die Tochter zur Selbständigkeit überredete oder irgendeine Tante ihren Neffen.

10.000 DM Belohnung

zahlen wir demjenigen, der uns einen Neuunternehmer nachweist. Es sollen Arbeitsplätze in Gröditz geschaffen werden, damit die Aktion

Eine Region blüht auf!

erfolgreich wird.
Es gilt, die Arbeitslosigkeit zu verringern.
Jeder Arbeitsplatz zählt!

Das Gröditzer Stadtbild wurde in den letzten 2 Jahren durch 300 renovierte Häuser und Neubauten verschönert. Jetzt gilt es weitere zusätzliche Arbeitsplätze zu schaffen! Bitte suchen Sie in Ihrem Verwandten-, Freundes- und Bekanntenkreis nach Möglichkeiten, in Gröditz eine Existenz zu gründen. Es fehlen Fertigungs-, Handwerks- und Dienstleistungsunternehmen.
Handelsbetriebe werden nicht prämiert.
Bedingung ist, daß der Neuunternehmer seinen Betrieb im Rathaus bei der Wirtschaftsförderung (Herrn Schuster) registriert und auf dem Gewerbeamt (Frau von Ehrlich) anmeldet.
Wenn der Betrieb 1 Jahr existiert, erhalten Sie Ihre Prämie von DM 10.000.
Die Aktion ist auf 25 Anmeldungen begrenzt.
Die Reihenfolge des Eingangs bei Herrn Schuster auf der Wirtschaftsförderung ist maßgebend.
Auskünfte über staatliche Förderungsmöglichkeiten erteilt Herr Schuster sowie die Industrie- oder Handwerkskammer.

Für Gröditz gibt es die höchsten Fördermittel!!!

Teilnahmeberechtigt für die Werbung neuer Unternehmen ist jeder Bundesbürger. Mitarbeiter der Stadtverwaltung Gröditz erhalten aus verständlichen Gründen keine Prämie.
Der Rechtsweg ist ausgeschlossen.
Bitte gehen Sie ins Rathaus zu Herrn Schuster von der Wirtschaftsförderung. Es liegt für Sie ein Prospekt bereit und Sie erhalten dort weitere Informationen.

Mit herzlichen Grüßen

Ihr

Siegfried Richter

GRÖDITZ
IM FREISTAAT SACHSEN

Mit diesen 147 Hausbesitzern – total ca. 300 Personen – hatte ich das potenteste Publikum im Saal, das ich mir vorstellen konnte. Es waren lebenstüchtige Menschen, die voller Dynamik standen und in einem gegenseitigen Häuserwettkampf sich mühten, die Besten zu sein.

Entweder ich hatte einen außergewöhnlich guten Tag oder es waren besonders strahlende Menschen. Irgendetwas Beglückendes ging von diesen Gröditzern aus. Diese Hausbesitzer wollte ich als persönliche Botschafter der Aktion „Eine Region blüht auf" gewinnen. Es ist nicht damit getan, Prospekte und Handzettel zu verteilen. Wenn man eine Vision vermitteln will, muß man selbst Begeisterung in sich tragen und dies zeigen können, damit sie auf die Zuhörer übergeht. Die Zuhörer müssen dann die Botschaft und Begeisterung ebenfalls auf andere Menschen weitergeben können.

An den Anfang meiner Rede stellte ich den Grundsatz:
„EIN NICHTGEHEN GIBT ES NICHT"

Ich brachte ein Beispiel vom Pessimist und Optimist.
Eine Schuhfabrik schickt einen Verkäufer nach Afrika, um Schuhe zu verkaufen. Der Verkäufer sendet eine Telegramm: „Schuhverkauf unmöglich – hier läuft alles barfuß!" Der ist Pessimist.

Daraufhin wird der Starverkäufer nach Afrika in Marsch gesetzt. Der kabelt noch am Tag seiner Ankunft: „Sofort zwei Schiffe voll Schuhe schicken – hier läuft ja alles noch barfuß!" Der ist Optimist.

Dann sprach ich über die große Unzufriedenheit, die sich durch die hohe Arbeitslosigkeit bei vielen Menschen breit gemacht hat. Weiter sagte ich: „In der früheren DDR wurde durch die soziale Mangelwirtschaft 44 Jahre die Unzufriedenheit eingepflanzt. Nur wenige waren zufrieden mit diesem System, weil sie Vorteile hatten. Dazu gehörten die Privilegierten und die Faulenzer. Die breite Masse hatte sich ans Schimpfen und an die Unzufriedenheit gewöhnt.

Die positive Stimmung begann mit dem Fall der Mauer, überdauerte die Währungsunion und begann für manche abzubröckeln. Für diejenigen nämlich, die ihren Arbeitsplatz verloren. Ist das nicht verständlich?

Kann man es denn den Bewohnern der neuen Bundesländer verdenken, wenn ihre Wirtschaft in DDR-Zeiten über 40 Jahre lang das hochgelobte Aushängeschild des Ostblocks war – und nun war alles vorbei. Alles nichts? Nur wenige Produkte waren im freien Wettbewerb verkäuflich. Von einem solchen Schock muß man sich doch erst einmal erholen. Das betraf nicht einzelne Branchen, sondern fast die gesamte DDR-Volkswirtschaft.

Die DDR-Automobilindustrie kam zum Erliegen, weil die Bürger der neuen Bundesländer nach dem 1. Juli 1990 die westlichen Autos kauften. Auch das ist logisch nachvollziehbar. Aber es muß auch einmal gesagt werden.

Für mich ist Sachsen das Tor zum Osten. Durch diese Öffnung hin nach Polen, Tschechien, Ukraine und Russland bildet sich eine ungeheure Möglichkeit für uns in Europa. Wir sind im totalen Aufbruch der wirtschaftlichen Erneuerung.

Es liegt nun an uns - und hier besonders an den weitgereisten, fleißigen und pfiffigen Sachsen – kräftig mitzumischen, um ein großes Stück von dem neuen Kuchen zu erwischen.

Anläßlich meines ersten Vortrages vor zwei Jahren rief ich den Gröditzer Wettbewerbsteilnehmern zu:

„Niemals war mehr Anfang als jetzt!“

Nutzen wir doch unsere Chance bei dieser großartigen wirtschaftlichen Neugestaltung.“

Dann schilderte ich den Teilnehmern ein Erlebnis, das ich vor ungefähr drei Wochen hatte, als ich nach Dresden zum Flughafen unterwegs war und mich dort verfuhr. Ich fragte zwei Maler, die in ihrer weißen Kleidung am Straßenrand standen, nach dem Weg. Ich denke, ich traue meinen Ohren nicht. Die sprechen englisch.

Jawohl! Sie haben richtig gelesen! Es waren englische Gastarbeiter. Wie niedrig muß in England das Arbeitslosengeld sein, daß sie in Deutschland arbeiten.

Um die Möglichkeit nach neuer Selbständigkeit möglichst anschaulich zu gestalten, brachte ich das Beispiel einer Gröditzer Lehrerin, die 25 Jahre alt ist und arbeitslos wurde.

Sylvia Krosse nahm ihr Schicksal selbst in die Hand. Sie las ein Inserat der Musikschule Fröhlich. Dort schrieb sie hin. Heute unterrichtet sie 150 Kinder im Erlernen von Melodika. Das Instrument hat eine kleine Klaviertastatur und ist ca. 50 cm lang. Es wird in Japan hergestellt und gibt nur dann Töne von sich, wenn das Kind den Schlauch zum Munde führt und hineinbläst. Das verhindert, daß die Kinder im Unterricht quatschen.

Weitere Beispiele brachte ich von den Möglichkeiten der Gebäudereinigung, der Wäscherei, der selbständigen Taxiunternehmen usw.

Ich erklärte dem Teilnehmerkreis, daß das deutsche Handwerk mit 760.000 Betrieben fünf Millionen Beschäftigte hat. Ich wollte tief in die Menschen eindringen, damit sie spüren, welche Wirtschaftskraft im deutschen Handwerk steckt.

Diese Unternehmen sind längst nicht so krisenanfällig wie Großbetriebe und Konzerne. Der Unternehmer, der nur wenige Beschäftigte hat, ist viel beweglicher als ein Großbetrieb. Der Handwerksmeister muß sich nämlich etwas einfallen lassen, wenn ihm das Wasser am Halse steht.

Das deutsche Handwerk wurde in der Krisensituation der Vergangenheit längst nicht so gebeutelt wie die Großbetriebe. Das haben wir in Gröditz bei der Zellstoffabrik und beim Stahlwerk deutlich miterlebt.

Weiter sagte ich: „Jeder von Ihnen hat die Chance, jemanden aus seinem Verwandschafts- oder Freundeskreis zu bewegen, sich selbständig zu machen. Es ist völlig gleichgültig, ob das auf dem Dienstleistungssektor oder als Handwerksbetrieb ist.

Mir geht es darum, neue Betriebe zu schaffen.
Beratungsstellen, wie man so etwas angeht, gibt es genug.
Wir müssen aus der Vermassung heraus und bei unserem wirtschaftlichem Denken ganz von unten anfangen. Jeder von Ihnen, dem es gelingt, einen Jungunternehmer dazu zu bewegen, sich selbständig zu machen, erhält dafür eine Belohnung von DM 10.000. Voraussetzung hierfür ist, daß sich dieser Betrieb ordentlich behördlich anmeldet und mindestens ein Jahr existiert. Nach einem Jahr der Selbständigkeit wird die Prämie an Sie ausgezahlt.

Auch ich war 25 Jahre, genauso jung wie Frau Krosse, als ich 1948 die Ostzone verließ und in Winkel im Rheingau allein begann.

Kein Mensch – und ich am allerwenigsten – konnte damals ahnen, daß ich 25 Jahre später mal 600 Mitarbeiter beschäftige.

Der Ottoversand in Hamburg wurde von Werner Otto ebenfalls 1948 als Einmannbetrieb gegründet. Der heute weltbekannte Hersteller von Baukränen und Kühlschränken, Herr Liebherr, war Schlossermeister. Auch Max Grundig begann alleine.

Jedes Unternehmen braucht seine Zeit der Entwicklung.
Viele sagen heute, was damals möglich war, geht heute nicht mehr. Das ist falsch, das sind faule Ausreden, die gedankenlos nachgeplappert werden.

War der Markt der Milch- und Joghurtprodukte vor 10 Jahren nicht gut besetzt? Und dann kommt ein Unternehmer namens Müller, der Milch und Joghurt neu entdeckt und der eingesessenen Konkurrenz das Fürchten lehrt. Er wird zum Marktführer – der Müller. Alles Müller oder was?

Wenn nur einer hier im Saal ist, bei dem mein Angebot auf fruchtbaren Boden fällt, dann hat sich die Mühe gelohnt. Ich hoffe, es sind mehrere.

Ein Arbeitsloser kostet den Staat jährlich DM 30.000. Unsere Prämie von DM 10.000 ist ein Drittel. Es möge sich ein jeder darüber im klaren sein, daß jeder Beschäftigte mit seiner Lohn- oder Einkommensteuer für das Arbeitslosengeld eines anderen zahlen muß.

Ich rufe die Eltern auf, mit ihren Kindern zu sprechen, daß sie sich schon jetzt damit auseinandersetzen, später mal Jungunternehmer zu werden. Alles ist im Aufbruch, überall liegen Chancen. Wir stehen an einem völligen Neubeginn.

„Niemals war mehr Anfang als jetzt" – diese Worte sollten tief in Sie eingehen.

Den jungen Menschen müssen wir Mut machen, selbständig zu werden, auf eigenen Füßen zu stehen. Hoffen Sie nicht auf fremde Hilfe. Selbst ist der Mann.

Gibt es etwas Schöneres als selbständig zu sein?

Sie hier im Saale sind doch die besten Zeugen für Eigeninitiative mit Ihren renovierten Häusern.

Unsere Arbeit muß in der Schule beginnen. Das Kind, das heute 15 ist, kann in 10 Jahren bereits Handwerksmeister sein. Wie schnell werden unsere Kinder groß.

Ich hoffe, daß meine Rede sehr viel Nachdenken und Diskussionen in den Familien auslöst.

Wie lange es sich unser Staat noch leisten kann, diese großzügige Sozialgesetzgebung aufrecht zu erhalten, wird die Zukunft zeigen. Nur wer sein Schicksal selbst in die Hand nimmt, wird unabhängig.

Wir sind hier etwa 300 Personen.

So viele Samenkörner streue ich heute aus.

Wenn einige Früchte tragen sollen und andere vielleicht einmal in späteren Zeiten zu größeren Betrieben heranwachsen, wäre das ein reicher Segen für Gröditz."

Zwei Jahre später gab es in Gröditz 25 neue Betriebe mit 180 Beschäftigten.

Wir wollen nun aber keinen Freudentanz aufführen und sagen: „Mit 250.000 DM schafft man 180 Arbeitsplätze." Ich bin sicher, die

Hälfte derjenigen, die sich in dieser Zeit selbständig gemacht haben, hätten meines Anstoßes nicht bedurft. Ein Teilnehmer spendete übrigens seine 10.000-DM-Prämie für eine caritative Verwendung in der Stadt Gröditz.

Es würde zu weit führen, all die interessanten Erlebnisse zu schildern, die besonders Herr Mebesius, der die Beträge in einem feierlichen Rahmen im Rathaus auszahlte, hatte. Ein Erlebnis, das mir selbst widerfuhr, sollte aber hier beispielhaft erwähnt werden.

Als ich über die Riesaer Straße ging, lehnte ein Wettbewerbsteilnehmer, der sein Haus gerade fertig hatte, am Zaun und grüßte mich etwas niedergeschlagen. Ich sprach ihn an und er sagte mir, daß er heute gerade die Nachricht bekommen hätte, daß er arbeitslos wird. Ich fragte ihn, was er denn beruflich sei. Bescheiden antwortete er: „Ich bin Schlosser“. Darauf sagte ich: „Sie sind doch Hausbesitzer, Sie können schweißen, Sie können löten, Sie sind doch handwerklich geschickt. Haben Sie schon einmal daran gedacht, sich selbständig zu machen?“

Der Diplomingenieur Drohnicke beschäftigt heute in seinem Unternehmen über 30 Mitarbeiter. Welche Kraft steckt in vielen Menschen, die es gar nicht wissen! Man muß ihnen nur Mut machen!

Kapitel 9

Hotelpläne nehmen Gestalt an

Nach dem Reinfall mit dem Vogelpark wegen des fehlenden Hotels schritt ich zur Tat. Bürgermeister Bölke bot mir für unser geplantes Hotel zwei große Grundstücke an. Eines direkt neben dem Rathaus. Das zweite an der Großen Röder, 80 Meter neben meinem Geburtshaus.

Dieses Grundstück war 7.500 m2 groß. Die Zufahrt von der Hauptstraße lag in der Achse der Großenhainer Straße, die nach Dresden führt. Wenn man von Dresden kommt, „fällt“ man direkt ins Hotel. Günstiger geht's nicht.

Die Entscheidung war also nicht schwer.

Ganz gleich, was man baut, man sollte keinen Strich auf's Papier bringen, bevor man das Grundstück hat.

Heute fragt sich jeder Fremde, wieso es möglich war, daß mitten in einem Ort noch so große freie Flächen lagen.

Die Erklärung ist ganz einfach. Vorn an der Hauptstraße (zu meiner Jugend Dorfstraße) waren die Bauernhöfe, und nach hinten liefen die Gärten und Wiesen, bis man nach etwa 150 m an die Große Röder kam.

Für das über 200 Jahre alte Eisenwerk (heute Stahlwerk) waren diese Flächen zu klein. Es entwickelte sich mit seinen ehemals 5.000 Beschäftigten nach der anderen Richtung des ehemaligen Bauerndorfes Gröditz.

Die Große Röder ist ein Flüßchen von etwa 8 bis 10 m Breite und läuft in einem leichten Bogen um das Hotel. Wasser ist immer gut. Schöner ging's nicht.

Eine Analyse durch einen beeideten Hotelsachverständigen ergab, daß in Gröditz ein Zwei-Sterne-Hotel mit 60 Zimmern berechtigte Existenzchancen hat.

Mit dieser Expertenanalyse trat ich an deutsche und internationale Hotelketten.
Ich bekam Absagen – nichts als Absagen. Standort zu klein und zu abgelegen.
Bald wußte ich, daß ich nichts wußte.
So lernte ich recht schnell, daß ein Hilton Hotel nicht dem Hiltonkonzern gehören muß. Der Eigentümer zahlt aber dem Hiltonkonzern Geld dafür, daß er „Hilton" an sein Hotel schreiben darf. Wie oft sagte ich in den vergangenen Jahren zu meiner Frau, alles möchte ich haben, aber kein Hotel.
Der Volksmund sagt: „Ein Hotel rentiert sich erst beim dritten Besitzer." Dann bekommt man es (fast) geschenkt.

Die Übernachtungsherberge mag noch gehen, aber im Restaurant wird es besonders kritisch. Der Restaurantgast ist unbarmherzig. Neunmal gut gegessen, alles ok. Beim zehnten Mal ein Reinfall. Schon besucht der Gast das Restaurant nicht mehr. Und auf so etwas sollte ich mich nun einlassen. Ich mit meinen 72 Jahren.

Schließlich hatte ich überhaupt keine andere Wahl, wenn ich meine Investorensuche nicht gefährden wollte. Ich mußte bauen.

Von vornherein hatte ich mir geschworen, nimm keine Kredite auf und finanziere den Bau nur mit eigenen Mitteln.

Nach meinem Tode soll das Hotel an meine Heimatstadt fallen. Verständlicherweise wollte ich dabei keine Schulden hinterlassen. Eventuelle Erträge sollen zu meinen Lebzeiten caritativen Zwecken zugeführt werden.

In den Nachbarorten waren überall kleine Gasthöfe mit 5 bis 10 Zimmern entstanden. Zuerst dachte ich in Gröditz an einen größeren Gasthof mit Übernachtungsmöglichkeit von 25 bis 30 Zimmern. Da ich jedoch von der gesamten Hotelbranche keine Ahnung hatte, mußte ich mich auf dem schnellsten Wege schlau machen. Wir fuhren in unser altes Stammhotel, in den „Engel" nach Obertal im Schwarzwald. Dort kannten wir das Gastronomen-Ehepaar Möhrle. Er war mein erster Ratgeber. Schon hier erfuhr ich, daß es wohl sinnlos sei, ein so kleines Haus zu bauen, denn ich bekäme ja nicht einmal einen Bus unter. Die Expertenanalyse mit 60 Zimmern war also richtig.

Während kurz nach der Wiedervereinigung kaum Hotels im Osten waren, schossen sie jetzt wie Pilze aus der Erde. Sie waren größtenteils im Zwei- aber auch im Drei-Sterne-Bereich. Für mich stand fest, meine Frau und ich müssen sich auf dem schnellsten Wege ein umfangreiches Wissen aneignen, wie es um unsere künftige Branche bestellt ist.

Der Winzer Fritz Allendorf aus Winkel beliefert viele Hotels mit Wein. Er nannte mir Herrn Hoschak als einen Hotelmanager, der selbst schon viele Hotels gebaut hat und augenblicklich im Osten kräftig investiert. Zu dem nahmen wir Kontakt auf.
Durch ihn lernten wir auch andere Hoteliers kennen und bekamen in einer relativ kurzen Zeit einen guten Überblick über die gesamte Branche und vor allem, was sich in dieser Branche augenblicklich tut und – was noch viel wichtiger war – für die Zukunft geplant ist. Neben jenem beeideten Sachverständigen, der die Erstanalyse für Gröditz gemacht hatte, waren es nun fünf verschiedene Herren, von denen ich glaubte, daß sie mir helfen könnten. Ich fragte sie nach Strich und Faden aus. Schon bald lernte ich das Wort kennen:
10 Hoteliers an einem Tisch – 11 Meinungen.

Ich ging nach folgendem System vor: Wenn zwei die gleiche Meinung zu einer Thematik haben und der Dritte auch dieser Meinung ist, dann gilt diese These wohl als abgesichert.

Recht schnell hatte sich herumgesprochen, daß ich in Gröditz ein Zwei-Sterne-Hotel mit 60 Zimmern bauen wollte. Woher die Menschen das erfahren haben, weiß ich nicht. Doch bekam ich plötzlich soviel Angebote von Entwürfen mit Preisvorstellungen, daß ich mich fast nicht mehr zu retten wußte. Alle wollten für mich das Hotel bauen, keiner aber war dabei, der es auch betreiben wollte.

Den ersten Entwurf machte ein ehemaliger Professor von der Universität Stuttgart. Ich vereinbarte mit ihm einen Vorentwurf, bei dessen Annahme er das Hotel bauen sollte. Gefiel mir der erste Entwurf nicht, mußte ich ihm lediglich die Kosten zahlen.

Professoren sind modern denkende Menschen. So sah auch der Vorentwurf aus. Es war ein Silo mit zwei nach innen liegenden Pultdächern, das vielleicht vor 20 Jahren am Strand von Florida noch Eindruck gemacht hätte. In Gröditz so etwas hinzustellen, bereitete mir Magenschmerzen. Das war also nichts. Die ersten 10.000 Mark war ich los.

Dann besuchte mich ein junger Architekt aus Trier. Auch er hatte schon einige Hotels gebaut und brachte gleich außergewöhnliche Vorentwürfe mit. Er stellte drei achteckige Hoteltürme mit einem Abstand von sechs Metern zueinander auf die Röderwiesen. Dieser Entwurf hatte zweifelsohne die Außergewöhnlichkeit in sich. Ganz interessant hatte der junge Mann die jeweiligen Treppenhäuser in die Mitte seiner Türme gelegt und die Zimmer nach außen mit großen Fenstern angeordnet.

In der Zwischenzeit war ich nun schon schlauer geworden und gab dem jungen Mann für 3.000 Mark den Auftrag, an den Türmen ein bißchen weiterzubasteln, sie durch überdachte Gänge miteinander zu verbinden und sie so zuzuschneiden, daß wir auf insgesamt 60 Zimmer kommen. Jeder Turm 20 Zimmer.

Ein Berater empfahl mir, daß wir uns doch einmal in Ratingen das dortige neu errichtete Dorint-Hotel ansehen sollen. Es hätte eine so schöne Zimmeranordnung und die Schreibtische stünden vor den Fenstern. Flugs fuhren das Ehepaar Mebesius und wir zwei nach Ratingen, um uns dieses Hotel anzusehen. Es war vor einem halben Jahr eröffnet worden und wirkte frisch und jugendlich. Das Restaurant war sehr attraktiv eingerichtet mit großen Fenstern in den Garten. Die Küche bot nur Fertigprodukte an. Wir aßen dort und waren sehr zufrieden. Alle Menschen im Hotel gaben uns bereitwilligst

Auskunft und das Interessanteste für mich war, daß dieses Hotel bei 115 Zimmern lediglich 14 Mann Personal beschäftigte. Die Zimmerreinigung wurde nach außen vergeben; man schloß also das eigene Personalrisiko und das Küchenrisiko durch Fertigprodukte aus.

Dieses Hotel war in der Tat imponierend und meine Rechnung lautete: Gröditz 50 bis 60 Zimmer = 8 Mann Personal.

Aus den ständigen Gesprächen mit meinen Beratern erfuhr ich, daß man die Personalkostensumme mal 2,5 nehmen müsse, um in etwa den Umsatz zu errechnen. Mit anderen Worten: die Personalkosten betragen 40% des Umsatzes. Bei dieser Kalkulation könne man, wenn man keine Fremdzinsen zu zahlen habe, zumindest nicht Pleite gehen.

Das war ein Trost für mich.

Die Pauschalangebote der Zwei-Sterne-Standardhotels, die ich erhielt, lagen bei DM 100.000 pro Zimmer. Die „Kiste" (Branchenjargon) sollte also ca. DM 6 Mio. kosten. Beim Besuch des Dorint-Hotels in Ratingen lernten wir auch den Architekten kennen. Ich umriß ihm meine Vorstellungen, und er nannte mir nach acht Tagen seine Kostenvorstellung. Die 42.000 Mark Architektenhonorar ohne jede Statik und ohne alles andere gaben mir zu denken.

Nach den ersten Studien und den Gesprächen mit meinen Beratern wurde für mich immer klarer, in Gröditz hat nur ein vollkommen aus der Art fallendes – und zwar positiv aus der Art fallendes – Hotel eine Chance. Wenn schon schlechte Lage – dann wenigstens ein ganz außergewöhnlicher Bau.

Zehn Tage später flogen wir nach Teneriffa.

Und nun kam, wie so oft in meinem Leben, alles, alles anders.

Ich setzte mich hin und machte die ersten Striche. Damit war es passiert.

Wenn einem selbst nichts einfällt, dann sollte man zumindest das nachahmen, was einem vorher schon immer gefallen hat.

Und das war unser Haus im Norden der Insel, in Santa Ursula. Der Eingangsturm, die zwei äußeren Türme mit den Kuppeln, die vielen, vielen Bögen, die Terrassengänge – all das war so außergewöhnlich, daß ich zu dem Entschluß kam, du machst dir's einfach und baust das Haus von Santa Ursula nach und setzt es in ein Hotel um.

So einfach geht das.

Ich legte alle vorhandenen Fremdentwürfe auf einen Tisch, studierte sie in allen Einzelheiten und packte sie dann schnell in die allerunterste Schublade. Lediglich die Entwürfe des Herrn aus Trier mit den drei Hoteltürmen schaute ich mir näher an. Das einzige, was ich daran gebrauchen konnte, waren die verbrochenen Ecken aus den achteckigen Türmen. Aber diese verbrochenen Ecken, die sollten es in sich haben!

Ich bekam an dieser architektonischen Tüftelei soviel Freude, daß ich mir nun das Projekt nicht mehr aus der Hand nehmen ließ. Was ich alles schon gesehen und gelernt hatte, warf ich in einen großen Topf, goß zusätzliches Geld hinein und machte daraus mein eigenes „Wollmilchschwein".

Unser Haus in Teneriffa hatte ich ja vor 20 Jahren auch selbst gebaut. Lediglich der Architekt entwarf mir die Außenhaut. Alle Innereien wurden dann von meiner Frau und mir gestaltet.

Das, wo ich die meiste Angst vor hatte, die äußere Gestaltung, oder die Hülle, wenn Sie so wollen, fiel mir nun wie ein reifer Apfel mit unserem Haus in Santa Ursula in den Schoß. Natürlich mußte das Ganze so gestaltet werden, daß es auch in das Grundstück paßte. Die Gesamtlänge des Gebäudes war 67 Meter. Viel Platz war zu den Nachbargrundstücken nicht. Wir mußten wohl wegen der Höhe der Außentürme deren Zustimmung bei der Baugenehmigung einholen. Lange Gänge ärgerten mich in Hotels schon immer. So war es doch das Leichteste, nach 20 Metern die Seitenflügel einfach in einem Winkel nach vorn abzukippen. Dadurch entstand ein halb-U-förmiges Gebäude, das zudem hinten noch – denn es mußte zehn Meter von der Röder wegstehen – dem Verlauf der Röder in seiner leichten Biegung entsprach.

Nach vier Tagen war mein Vorentwurf, eine Woche später der Entwurf fertig. Jetzt baute ich ein Modell im Maßstab 1 : 100. Anfang Dezember 1994 war es fotoreif. Ich war mir völlig darüber im klaren, daß die wirkliche Arbeit erst mit den Innereien beginnt. Die Zimmergröße stand fest. Das Erdgeschoß mit Halle, Restaurants, Seminarräumen, Bibliothek, Vereinszimmer, Küche und Behindertenzimmer war von der Bedarfsermittelung erfaßt. Mehr nicht. Die Gästezimmer kamen in das erste und zweite Obergeschoß.
Viel Zeit mußte ich mir nehmen und noch viel dazulernen.

Was ich damals nicht wußte, daß ich drei Jahre lang eine ungeheure Freude am Bau dieses Hotels empfangen durfte. Wie oft habe ich den Menschen gesagt: Es ist eine Gnade des Allmächtigen, wenn man mit über 72 Jahren 80 m neben seinem Geburtshaus noch so etwas Schönes hinstellen darf.
Ich sah ja diese Fata Morgana klar vor mir.
Nur Fremde bestaunten mein Modell – und so etwas in Gröditz?

Wenn mich während der dreijährigen Planungen und Bauzeit Freunde wegen meiner Gestaltungswut bewunderten, sagte meine Frau (die mittlerweile 57 ist): „Lieber ist es mir, wenn er an seinem Hotel Freude hat, als daß er mit drei neunzehnjährigen Freundinnen Unfug treibt!“

Am 20. Dezember flogen wir mit unserem Modell und vielen Fotos nach Deutschland. Gespräche mit Generalunternehmern und Innenarchitekten standen auf dem Programm. Wir wohnten in Erbach im Schloß Reinhardshausen und genossen dort die Annehmlichkeiten des Hallenschwimmbades. Am zweiten Abend lernten wir den Hoteldirektor kennen, der sich, nachdem ich ihm die Fotos gezeigt hatte, selbstverständlich sehr für unser Hotel interessierte.

Wenn man von Tuten und Blasen keine Ahnung hat und nun die ersten Schritte in einer völlig neuen Materie getan hat, unterhält man sich mit jedem Fachmann über seine Probleme.

Dieser Tapetenwechsel in ein Fünf-Sterne-Hotel lüftet durch und regt den Geist zu vielen Überlegungen an. Ich neige dann zum Philosophieren:

Schon zu POLSTER RICHTER-Zeiten sagte ich zu unseren Mitarbeitern: „Alles ist Materie. Wir müssen die Dinge so formen, daß unsere Polstermöbel harmonisch wirken. Die Qualität ist unabdingbar. Davon sprechen wir nicht. Die gute Form ist ausschlaggebend für unseren Verkaufserfolg. Das Material kostet das gleiche Geld. Ob man es gut oder schlecht gestaltet."

War es denn bei unserem Hotel anders?

Keine Spur.

Dem Grunde nach war es doch mit diesem maurisch-kanarischen Stil viel leichter, sich von der Masse der Hotellandschaft zu unterscheiden. Sich deutlich erkennbar fremdländisch abzuheben!

Architektur ist nicht Architektur, sondern Gestalten, ist Lebensart und Kultur. „Weniger ist mehr", sagt Mies van der Rohe. Ich setze noch eins drauf: „Gleichgültig was man baut, man muß formtreu, materialtreu und farbtreu gestalten. Sonst wird's ein Baumusterhaus!" Wenn man etwas schön empfindet, kann man auf Anhieb gar nicht sagen, was das Schöne ist. Ich sage, es ist alles „rund". Man nimmt das Ganze als dem Auge wohlgefällig an.

Bei einem Hotel spielt die behagliche Wärme, das sich Behütet- und Zuhausefühlen eine große Rolle. Gut essen und Schlafen sind solche Selbstverständlichkeiten, über die man gar nicht reden sollte.

Eigentlich hatte ich es leicht. Wir mußten nur das besser machen, was uns in anderen Hotels nicht gefiel.

Besonders an dem abgelegenen Platz Gröditz mußte ein „anderes Hotel“ entstehen. Lupenrein maurisch-kanarisch. Aber das typisch Spanische, das Dunkle und Strenge mußte raus. Die spanische Sonne scheint nicht in Gröditz. Hier sind die Lichtverhältnisse anders. Wir mußten in der Innenraumgestaltung für Wärme und Behaglichkeit sorgen. Unser Hotel muß für unsere Gäste ein Zuhause sein. Sonst bekommen wir keinen „müden Hund“ nach Gröditz! Außergewöhnlich, aber doch nicht elitär, das ist schwer. Schließlich sollte unser Hotel auch das große Wohnzimmer der Gröditzer werden. Der fremde Hotelgast fühlt sich dort am wohlsten, wo er Kontakt zur einheimischen Bevölkerung hat. „Wer die Vereine hat, hat die Ortsbevölkerung“, sagte ein erfahrener Gastronom zu mir.

All diese Forderungen galt es, nun unter einen Hut zu bringen.

Und dann war doch noch so „ganz nebenbei“ die Investorensuche zur Schaffung neuer Arbeitsplätze. In meinem Designerrausch mußte ich nun höllisch aufpassen, das Hauptziel – weshalb das alles geschah – nicht aus dem Auge zu verlieren.
Plötzlich plante ich ein Hotel mit Mehrfachfunktion.

Durch einige Unkenrufe – rentieren sich 60 Zimmer ausgerechnet in Gröditz? – befand ich mich in einer permanenten Unruhe, um nicht Angst zu sagen. So plante ich von vornherein die Möglichkeit der Umfunktionierung in ein Altersheim ein. Man konnte ja nie wissen...

Am Tage vor Heiligabend hatte sich ein Architekt angesagt, der eine Referenzliste mit 40 in den letzten Jahren erbauten Hotels vorgelegt hatte. Den wollten wir uns unbedingt ansehen. Als er mein Modell sah, sagte er: „Dieses Hotel baue ich Ihnen nicht! Das können Sie in Spanien machen, aber nicht in Deutschland“. Ihn störten die herausragenden Balkone. „An jeder dieser Stellen gibt es bei Regen Wasserbrücken und die Brühe läuft Ihnen die Fassade herunter“.

Wieder was gelernt, dachte ich.
Nun, an den Balkonen hing mein Herz nicht, aber an den Balkongeländern. Unmöglich wollte ich auf dieses starke kanarische Element verzichten. Es genügte mir eine Nacht zum Überschlafen. Ich trennte mich von den Balkonen und hing meine kanarischen Geländer 20 cm vor die Fensterbrüstung. Kein Mensch konnte sehen, daß diese Balkongitter nur Imitationen sind.

Wie es eben manchmal im Leben ist, der Zufall kommt zu Hilfe. In dem Fünf-Sterne-Hotel, in dem wir wohnten, waren nämlich die Balkongeländer genauso als Imitationen – allerdings in Eisen – vorgesetzt. Das hatte eine sehr dekorative Wirkung.

An kein Gespräch kann ich mich erinnern, bei dem ich nichts dazu lernte. Es war phantastisch. War mein Leben bei POLSTER RICHTER schon turbulent genug, in dem ich immer neue Eindrücke sammeln konnte, so wurde es jetzt in meinem betagten Alter noch einmal wahnsinnig spannend. Meine Umgebung merkte mir das auch an. Jede neue Schwierigkeit war für mich eine Bereicherung und eine Herausforderung, daß ich sie meistern durfte. Viele Menschen werden es nicht für möglich halten, aber ich erfuhr zwischen meinem 72. und 75. Lebensjahr nochmals so viel lernende Glückgefühle, daß ich mich frage, ob das nicht überhaupt die interessanteste Zeit meines Lebens war.

Eines kommt natürlich hinzu, ich arbeitete nicht unter finanziellem Druck. Kein Gewerkschaftssekretär stand vor mir auf der Matte, niemandem hatte ich Rechenschaft abzulegen. Eigentlich nur meinem Wunsche, in meiner Geburtsstadt etwas zu bewirken. Etwas Besonderes. Schließlich diente dieses Hotel auch dem Selbstwertgefühl meiner Heimatbevölkerung. Ich fühlte mich als Mutmacher. Und letztlich wurden mit dem Hotel selbst auch Arbeitsplätze geschaffen.

Als wir wieder in Teneriffa waren, beauftragte ich einen hiesigen deutschen Architekten, für mich die Bauzeichnungen zu machen, die wir für die Baueingabe benötigten. Anfang März war es dann soweit, und ich schickte mit einem Sonderkurier die Zeichnungen nach Deutschland, damit eine Voranfrage auf dem Rathaus und dem Bauamt in Riesa uns die Gewißheit gab, daß wir nun einen Architekten mit der Durchführung der Bauaufgabe beauftragen konnten. Ich hatte ja „nur" geplant. Am 6. März gab ich die erste Pressenotiz mit Fotos nach Gröditz.

Das Modellfoto machte Furore.
Um nicht von vornherein als Nobelherberge abgestempelt zu werden, schrieb ich, daß das Einzelzimmer unter 100 DM kostet. Auch daß eine Bierstube und ein Vereinszimmer vorgesehen ist. Sehr viel mehr konnten wir damals noch nicht sagen, da die „Innereien" noch im Gärprozeß waren.

Aber es wurde allerhöchste Zeit, daß die Gröditzer von mir selbst etwas über ihr Hotel erfuhren. Die Gerüchteküche kochte auf heißer Flamme.

Kapitel 10

Sand im Getriebe

Die Bauvoranfrage ging bei der Stadtverwaltung und auch bei dem Kreisbauamt reibungslos über die Bühne. Sicher lag das einmal daran, daß jeder wußte, daß dieses Hotel später in den Besitz der Stadt Gröditz übergehen würde und zum zweiten, daß ich schon damals eine recht hohe Anerkennung in Gröditz hatte.
Hinzu kam, daß sich das Hotel ja nicht direkt an der Hauptstraße befand, sondern von alten Bauernhäusern verdeckt wurde.
Alles schien reibungslos zu laufen.

Acht Grundstücksnachbarn gaben ohne Zögern ihr Einverständnis zu dieser Grenzbebauung. Ein Gespräch mit dem Bürgermeister ließ erkennen, daß seitens des anderen Nachbarn, des Kindergartens mit der evangelischen Kirche, ebenfalls keine Einwendungen zu erwarten waren.
Doch es kam ganz anders.

Der evangelische Pfarrer Nietzsche legte sich quer. Er rief den Kirchenvorstand und den Kindergartenausschuß zusammen, und es erging der Beschluß, daß diesem Bauantrag keinesfalls stattgegeben werden darf. Im Falle einer Baugenehmigung werde er mit allen ihm zur Verfügung stehenden Rechtsmitteln gegen uns vorgehen. Er stellte 13 Fragen und forderte deren Beantwortung. Nur drei seien hier erwähnt:

- Wie reiht sich ein Hotel im maurischen Stil in die Bebauungskonzepte der Ortsmitte und in die Nähe von deutschen Bauernhöfen ein?

- Wer will hierfür die Garantie übernehmen, wenn in der Bauphase z. B. der Spielplatz im Schwenkbereich der Baukräne liegt? Ein einziger Bedienfehler kann dabei tragische und verheerende Folgen haben.

- Wird man sich auf unserem Spielplatz von der 14 m hohen Front (zum Vergleich: die Gröditzer Sparkasse ist 11 m hoch) unmittelbar angrenzend nicht bedrückt und erschlagen fühlen? Ganz zu schweigen von der sozialen Kluft, die dann täglich anschaulich vor Augen steht zwischen den Gästen eines Fünf-Sterne-Hotels und den Kindern von Arbeitern, Arbeitslosen und Sozialhilfeempfängern?

Das Schreiben endet mit der Aufforderung, meine Pläne umzuändern und mich mit einer neuen Anfrage an den Kirchenvorstand zu wenden.

Wahrscheinlich war das Ganze eine Revanche für den Maulkorb, den der knapp vierzigjährige Pfarrer während der DDR-Zeit tragen mußte.

Große Pause. Guter Rat war teuer!

Bis jetzt waren rund 800.000 DM – einschließlich Grundstück und meiner Eigenleistung – in das Projekt investiert. Ich überschlief das Problem die erste, die zweite und die dritte Nacht. Dann traf ich meine Entscheidung. Ich teilte dem Bürgermeister mit: „Das Hotel wird nicht gebaut. Von meinen Aktivitäten der Investorensuche ziehe ich mich zurück!"

Meine Entscheidung schlug in Gröditz wie eine Bombe ein.

Damit es aber nun keine Spekulationen gab, schilderte ich auf einem DIN A4 Blatt – beidseitig bedruckt – meine ganzen Zielsetzungen und Überlegungen, was ich mit dem Hotel vorhatte. Das Flugblatt ging an alle Gröditzer Haushaltungen. In der Presse hatte es doch nun schon vorher einigen Hick-Hack gegeben. U. a. eine Meldung: „...der soll seine Millionen lieber in unsere Schwimmhalle stecken und nicht ein Hotel bauen, das nicht in die Gegend paßt".

In der mir eigenen offenen Art ließ ich nun in diesem Flugblatt die Katze völlig aus dem Sack und schilderte den Gröditzern meine tieferen Beweggründe um das Hotel. Hier nur eine Passage:

„Der Eiffelturm steht auch mitten in Paris und nicht am Stadtrand. Im vorigen Jahrhundert empörten sich beim Bau alle Franzosen. Heute ist er das Wahrzeichen und der Stolz der Bevölkerung. So etwas wollte ich – in viel bescheidenerem Rahmen – in Gröditz schaffen".

Meinen Schlußsatz entlieh ich der Abdankungsrede (1918) des letzten sächsischen Königs:

„Macht Euern Dreck alleene. Ihr seid mer scheene Rebubliganer!"

Siegfried Richter

Ich erwähnte schon, daß ich gleich zu Anfang meiner Tätigkeit in Gröditz mit dem Bürgermeister und Dr. Kipsch abgesprochen hatte, daß ich nichts ohne deren Wissen machen werde, aber daß ich mich dann zurückziehe, wenn mir Steine in den Weg geworfen werden. Die Bitten des Bürgermeisters, meine Ansicht zu korrigieren, nützten nichts. Dr. Kipsch hat es gar nicht erst versucht, weil er mich zu gut kannte.

Und nun passierte etwas, womit ich nicht gerechnet hatte. Zwei Dutzend Bürger gingen auf's Rathaus und holten sich dort meine Privatadresse in Teneriffa. Ich bekam Ermunterungsbriefe noch und noch. Ich blieb hart.

Streit mit Nachbarn ist das Häßlichste, was es gibt. Ich hatte in meinem ganzen Leben nie eine ernste Auseinandersetzung mit einem Nachbarn und nun muß mir so etwas in Gröditz passieren. Die Reibungspunkte waren doch geradezu vorprogrammiert. Was hatte ich für eine Veranlassung, mich mit einem solchen Quertreiber auseinanderzusetzen. Ich ging hier schon gar nicht mehr ans Telefon. Ich wollte einfach nicht mehr.

Offenbar hat die Gröditzer Bevölkerung Pfarrer Nietzsche derart zugesetzt, daß er dann selbst zum Hörer griff und hier anrief. Ich habe ihm zweimal durch meine Frau sagen lassen, daß ich ihn nicht sprechen will.

Nun hatte sich in Gröditz etwas in Bewegung gesetzt, was niemand vorausahnen konnte. Drei Stadträte und mein Großneffe Henry Wendt hatten eine Unterschriftenaktion ins Leben gerufen, die auf vier Tage begrenzt war.

Nur wer die Verhältnisse aus DDR-Zeiten kennt, weiß, wie die Menschen dort auf Unterschriftensammlungen reagieren. Sauer!

Doch hier kam es ganz anders. Innerhalb von nur vier Tagen trugen sich 4.353 Gröditzer Bürger in die ausgelegten Listen ein, um mich zur Fortführung des Hotelbaus zu ermutigen.

Henry Wendt rief Herrn Ministerpräsidenten Professor Biedenkopf an und sagte ihm, daß er mit ihm nach Teneriffa fliegen müsse, um seinen Onkel umzustimmen. Der hatte natürlich etwas anderes zu tun und mußte das ablehnen. Dafür schrieb mir aber der Ministerpräsident einen Ermunterungsbrief.

Kurz bevor die Flugtickets dieser kleinen Delegation nach Teneriffa gebucht wurden, erfuhren die Initiatoren dieser Aktion, daß wir nach Deutschland fliegen.

Am 19. April 1995 kamen wir im Rheingau an. Am nächsten Tag erschien diese vierköpfige Gruppe mit Ehefrauen und einem Ordner mit 187 Seiten, mit dem mir diese Listen überreicht wurden.

Jetzt konnte ich nicht anders. Nach dem Vortrag dieser Delegation sagte ich: „Teilen Sie den Gröditzern mit, das Hotel wird gebaut!"

Das Spektakel war so groß, daß einige aus dem Kirchenvorstand ausgetreten sind und der Pfarrer drei Monate später versetzt wurde. Dem Grunde nach mußte er sich genauso dem Druck der Bevölkerung beugen wie ich, er fuhr nämlich extra nach Riesa zum Kreisbauamt und leistete dort seine Unterschrift zur Genehmigung des Bauvorhabens.

Für mich war es eine interessante Lektion, daß es Situationen im Leben gibt, wo man eben nicht machen kann, was man will.

Ich hatte mich dem Wunsche der Gröditzer Bevölkerung zu fügen, ganz gleich, ob mir das paßte oder nicht.

Heute, drei Jahre später, bin ich glücklich über diese Entscheidung.

Kapitel 11

Ein Haus sucht seinen Namen

Vier Wochen später ging an alle Gröditzer Haushaltungen ein Rundschreiben, vierfarbig bedruckt, in dem die Bevölkerung gebeten wurde, einen Hotelnamen zu suchen. Das Modellfoto war im Vierfarbdruck abgebildet, so daß man alle Konturen genau erkennen konnte. Es hing eine Postkarte dran, die ausgefüllt im Rathaus abgegeben werden sollte. Die Überschrift lautete dick und fett: „Hotelname gesucht! Machen Sie mit."
Ich wollte die Gröditzer einbinden in die Namensfindung dieses – ihres – Hotels.

Hier in Kurzfassung der Text:

„Liebe Gröditzer, für unser spanisch-kanarisches Hotel suchen wir einen passenden Namen. Er soll kurz sein und dem Baustil entsprechen. Alle Gröditzer werden um Mithilfe gebeten. Die besten zehn Vorschläge werden mit einem Festessen im Restaurant für jeweils zwei Personen belohnt.
Die Freundlichkeit des gesamten Hotelpersonals wird bei uns ganz groß geschrieben. Jeder Gast soll wissen, daß wir zur Schaffung und Erhaltung von Arbeitsplätzen jeden Besucher benötigen. Und weil das alle Mitarbeiter wissen, wollen wir jeden Gast mit der größten Liebenswürdigkeit empfangen und bedienen. So, als käme der König von Sachsen persönlich.
Auf Ihre Namensvorschläge freuen sich
Ingrid und Siegfried Richter"

Es kamen 375 Vorschläge.
Im nächsten Stadtanzeiger gaben wir die Sieger und den Namen „SPANISCHER HOF" bekannt. Diejenigen, die sich für „SPANISCHER

HOF“ entschieden hatten, waren sowieso dabei. Die restlichen wurden per Los ermittelt.

Wir können im Nachhinein sagen, wir wüßten heute noch keinen passenderen Namen als den, den die Gröditzer ihrem Hotel gegeben haben.

Das Baugenehmigungsverfahren lief also nun und es mußten nicht weniger als 19 verschiedene behördliche Dienststellen angeschrieben werden, ob sie mit dem Projekt einverstanden seien. Zur Beschleunigung des Verfahrens half mein Freund Mebesius und besuchte oder telefonierte mit jeder einzelnen Dienststelle, die dazu ihren Kommentar zu geben hatte. Nach acht Wochen hatten wir die Baugenehmigung.
Nachdem die Rohbauplanung abgeschlossen war, suchte ich einen örtlichen Architekten für die Ausschreibung und die Bauleitung.
Mit dem 58jährigen Dipl.-Ing. Claus Lehmann aus Gröditz wurde ich schnell einig. Er beschäftigte vier Mitarbeiter. Ich hatte also die Gewißheit, daß hier „der Chef selbst kocht“.

Eine Delegation dieser schwierigen Aufgabe schlossen wir beide von vornherein aus. Auf Anhieb entwickelte sich ein hervorragendes Vertrauensverhältnis. Als Ortsansässiger hatte Herr Lehmann den Vorteil, daß er „Gott und die Welt“ kannte.

Da wir die örtliche Arbeitslosigkeit lindern wollten, stand fest, daß unser SPANISCHER HOF im wesentlichen von einheimischen Handwerkern gebaut wird. So brachte Herr Lehmann die Ausschreibung des Rohbaus einschließlich der Erdarbeiten sowie der kompletten Außenanlagen inkl. der Pflasterung auf den Weg. Bis zum Arbeitsbeginn veranschlagten wir drei bis vier Monate.

In der Zwischenzeit hatte unser Hotelsachverständiger ausgerechnet, daß wir für unseren SPANISCHEN HOF 16 Arbeitsplätze benötigen. Dafür wurden nun Fördermittel beantragt. Auch diesen Part übernahm Herr Mebesius, der sich mit einer Engelsgeduld in diese Aufgabe stürzte. Man möge mir die Prozedur ersparen, die nötig war, um all die Formulare und Vorschriften zu erfüllen, die das Gesetz vorschrieb. Rentabilitätsberechnungen und Gutachten mußten erbracht werden. Normale Genehmigung war unmöglich, da Gröditz kein touristisches Fördergebiet ist.

Meine Frau schrieb an Frau Biedenkopf, ich schrieb an den Ministerpräsidenten persönlich und bat um eine Ausnahmegenehmigung. Herr Biedenkopf lobte meinen planerischen Weitblick. Eventueller Umbau des Hotels in ein Altersheim. Schließlich erhielten wir einen Zuschuß vom Land Sachsen.
In Dresden war man längst auf meine anderen Aktivitäten aufmerksam geworden. Ich darf davon ausgehen, daß die 180 Arbeitsplätze, die ich aus versteuertem Geld mit 250.000 Mark geschaffen hatte, letztlich den Ausschlag gaben.

Das Kabinett wird sich gesagt haben, wer soviel für unser Land tut, der wird auch dieses Geld nicht in den Sand setzen.

Während die Rohbauausschreibungen liefen, waren wir mit Familie Mebesius unterwegs, um uns bei Innenausstattern umzutun. Leider waren die Betriebe in den neuen Bundesländern damals noch nicht so weit. Heute wäre das anders. Wir konzentrierten uns auf den Schwarzwald, weil dort, genau wie in der Polstermöbelindustrie, einige „Edelschmieden“ saßen. In die engere Wahl kam eine Firma aus dem Bodenseegebiet und eine bei Freudenstadt.

Wir lernten das neue Hotel im Europapark in Rust – bei Freiburg im Breisgau – kennen. Die Familien Mack waren Spanienfans und hatten in ihrem Freizeitpark ein eigenes spanisches Dorf errichtet. Die Krönung war ein spanisches Hotel. Bereitwilligst zeigte man uns die Hotelzimmer. Wir waren von der Inneneinrichtung tief beeindruckt. Die Zimmer waren originell und in einer ungeheuren Perfektion gestaltet. Eben anders als andere Hotelzimmer. In jedem Detail spürte man die Liebe, die sich die Inhaberfamilie gemacht hatte. Als wir nach drei Stunden heimwärts fuhren, bekam ich Angst. Richtig Angst. Ich sagte zur Familie Mebesius und meiner Frau: „Von außen ist unser Hotel doppelt so schön wie das hier im Breisgau. Wenn wir innen ein Viertel der Schönheiten und der

Originalität des Hotels in Rust erreichen, wollen wir uns glücklich preisen.

Für mich war die Besichtigung dieses spanischen Hotels eine ungeheure Bereicherung und eine Herausforderung zugleich.

Durch die vielen Kontakte und Gespräche, die man im Lauf dieser Zeit mit anderen Hoteliers hatte und in die Tat umsetzte, war man nicht mehr objektiv. Was uns gefiel, mußte ja noch lange nicht unseren Gästen gefallen. Wir suchten nun ständig nach außergewöhnlichen spanischen Elementen. „Bloß keinen Stilbruch bei der Inneneinrichtung", war meine ständige Mahnung!

Kapitel 12

Ideen und Lösungen

Auf unserer Rückfahrt übernachteten wir in der Waldsägmühle in Pfalzgrafenweiler im Schwarzwald und lernten das Hotelier-Ehepaar kennen.

Überall, wo wir die Bilder von unserem Hotel zeigten, war man begeistert. Voraussetzung, es war nicht die nähere Umgebung von Gröditz.

Der Inhaber, der selbst in der Küche stand, zeigte uns voll Stolz seinen neuen Induktionsherd. Da ich zu dumm bin, mir selbst eine Tasse Tee zu machen, sagte ich zu meinem Freund Helmut: „Dies ist jetzt Dein Part; informiere Dich ganz genau!"

Um es kurz zu machen, ein Induktionsherd ist ein elektrisches Kochfeld, das nur dort erhitzt, wo der Spezialtopf draufsteht. Es werden Spezialtöpfe dafür benötigt (das ist der einzige Nachteil). Ein solcher Herd ist also stromsparend und nimmt die ständige Wärme aus der Küche. Als wir uns bei anderen Hoteliers darüber erkundigten und ihre Meinung dazu abfragten, sagten alle übereinstimmend: „Eine hervorragende Sache, nur, ich kann wegen dieser neuen Erfindung nicht meine ganze Küche rausschmeißen". Mir als Laie leuchtet zumindest ein, daß Köche bei geringerer Raumtemperatur lieber und effektiver arbeiten.

Nach dem Besuch in der Waldsägmühle war mir klar, daß im SPANISCHEN HOF nur ein Induktionsherd infrage kommt. Wieder ein Problem vom Tisch, dachte ich.

Aber in diesem Hotel lernten wir noch etwas anderes kennen. Seit Jahr und Tag lege ich in die Duschen ein Handtuch, weil ich Angst habe, daß ich im Duschbecken ausrutsche. Baden habe ich mir in meinem Alter sowieso abgewöhnt.

Hier war die Duschlösung – für meine Begriffe – ideal. Der Einlauf saß im Fußboden und ging ebenerdig in die andere Bodenfläche über. Ideal für Rollstuhlfahrer, ideal für ältere Menschen. Auch für ein Altenwohnheim hervorragend geeignet. Diese Lösung, wie ich sie hier praktisch sah, schwebte mir schon seit längerer Zeit vor. Große Generalunternehmer warnten davor und sahen eine ständige Reklamationsquelle. Heute weiß ich, woran es lag, daß die nicht wollten. Diese Firmen arbeiten vielfach mit ausländischen Hilfskräften. Was haben die wohl für ein Interesse daran, daß die Einläufe im SPANISCHEN HOF in drei bis fünf Jahren noch dicht sind.

Einen weiteren Vorteil hatte die hiesige Lösung. Ein Eimer Wasser genügt, und man hat den gesamten Fußboden gereinigt. Es gibt keine Aufkantungen, in die sich der Schmutz setzen kann. Man kann es den Zimmermädchen nicht leicht genug machen. Die problematische Schmutzecke, die eine Hausfrau sieht, sieht ein Zimmermädchen noch lange nicht. Der Hotelgast erwartet zu Recht ein einwandfrei gereinigtes Zimmer.

Von zwei modernen Hotels kam die Klage, daß die Ablagen im Bad zu klein und der Platz zwischen WC und Waschbecken zu gering ist. Sofort vergrößerte ich unsere Bäder. Mit keinem Problem habe ich mich mehr auseinandergesetzt, kein Detail habe ich öfter umgezeichnet und geändert als unsere Bäder. In jeder Lösung strebte ich nach Perfektion.

Herr Lehmann erwartete nun die Angebote für den Rohbau.

An der Ausschreibung beteiligten sich nicht viele Firmen. Das lag wohl weniger daran, daß die Betriebe noch gut beschäftigt waren, als daß der Bau einen recht komplizierten Eindruck machte. Nur wer dieses Hotel als eine ungeheure Herausforderung ansah, hat hier angeboten.

Es ist ein Glückszustand, daß die Firma Gröditzer Hoch- und Ausbau mit über 100 Beschäftigten und ein Bauunternehmen aus der Nachbargemeinde Wülknitz mit einer ähnlichen Größenordnung sich zusammentaten und den Rohbau zu einem Festpreis übernahmen. Bei der Endverhandlung war ich anwesend. Zu dem schon niedrigen Preis forderte ich die beiden Unternehmer auf, mir einen „Wiedervereinigungsrabatt" von 5 % zu geben. Das war eine harte Pille. Hier wurde der Begriff Wiedervereinigungsrabatt geboren. Ab 5 % nach oben war künftig Verhandlungssache.

Ich begründete mein Ansinnen mit folgender Erklärung:

Erstens wird hier der SPANISCHE HOF erstellt, der mir persönlich keinerlei Nutzen bringt. Er dient der Freude und dem Selbstbewußtsein der Gröditzer Bevölkerung und die Erträge fließen voll den Gröditzer Bürgern zu.

Zweitens lege ich allergrößten Wert darauf, daß hier kein Westgeneralunternehmer mit ausländischen Arbeitnehmern arbeitet.

Drittens bekommen sie sofort nach Rechnungslegung Ihr Geld.

Viertens soll der SPANISCHE HOF fremde Investoren in die Industriegebiete der Stadt Gröditz bringen. Dort werden weitere Gebäude entstehen, die Sie errichten können.

Fünftens ist dieses Hotel einmalig. Sie finden so etwas in der gesamten Bundesrepublik nicht wieder. Es soll ein Aushängeschild sächsischen Fleißes sein. Für Ihr Unternehmen ist es ein Vorzeigeprojekt aller ersten Ranges. Alle, die daran beteiligt sind, sollen stolz sein, hier mitgewirkt zu haben."

Die Herren schluckten und erbaten sich 15 Minuten Zeit. Ich sagte ihnen, das sei genau meine Vorstellung gewesen und ich hätte nicht erwartet, daß sie mit fliegenden Fahnen „Ja“ zu meinem Ansinnen sagen. Die Herren gingen nach unten, um sich gemeinsam zu beraten. Pünktlich nach der Viertelstunde erschienen sie mit einem zögerlichen „Ja“. Ich beglückwünschte sie zu ihrem Auftrag und zu ihrer Entscheidung. Wir gaben uns die Hand und damit war die Sache erledigt und besiegelt.
Herr Jüchtern, der mich seit über 30 Jahren bei meinen Bauten begleitete, fertigte die Verträge aus.

Ich war glücklich über die Entscheidung, denn die Gröditzer Baufirma rief Erinnerungen in mir wach. Bis Kriegsende gehörte dieser Baubetrieb Adolar Silbermann. Dann wurde er volkseigener Betrieb. Der Baumeister Silbermann spielte mit meinem Vater 1935, also vor 60 Jahren, Skat. Mein Vater wollte damals einen alten Schuppen abreißen, neu aufmauern lassen und zwei Zimmer draufsetzen. Adolar Silbermann gab seinen Kostenvoranschlag ab. Er sagte: „Lieber Paul, ich rechne das genau mit Dir ab, höchstens 1.800 Reichsmark.“ Als die Rechnung kam, hatte mein Vater 1.685 Mark zu zahlen.

Es brannte mir auf der Seele, diese Geschichte von dem königlichen Kaufmann Adolar Silbermann meinen frisch gebackenen Vertragspartnern zu erzählen. So lange bleibt Vertrauen in Erinnerung! Ich sah das als ein gutes Omen an. So war dann die Zusammenarbeit auch.

Ihnen zu Ehren und aus Dankbarkeit stehen die Namen von Herrn Lehmann und den beiden Baubetrieben auf der von unten erleuchteten Glasplatte des Grundsteins in der Hotelhalle.

Der erste Baggerschub fand am 16. November 1995 statt. Da wir uns bereits seit drei Wochen in Teneriffa befanden, gab es nicht den sogenannten feierlichen offiziellen Spatenstich. Ich legte auch keinen sonderlichen Wert darauf. Uns allen war es wesentlicher, daß es jetzt fleißig voran ging. Leider machte uns der harte Winter sehr zu schaffen, und die gesamte Baustelle kam sechs Wochen zum Erliegen.

Während unserer Zeit in Teneriffa planten wir den gesamten Innenausbau. Um den kanarischen Stil lupenrein nach Deutschland zu tragen, bestellten wir bei Don Antonio, einem Kunsttischler aus Orotava, für rund 150.000 DM Holzteile. Da die Löhne auf der Insel die Hälfte betragen, hätten wir in Deutschland dafür das Doppelte zahlen müssen. Zwei Container voll mit Holzmöbeln traten den Seeweg von Santa Cruz de Tenerife nach Hamburg an. Darin enthalten waren: Sämtliche Balkon- und Treppengeländer, die Kofferböcke und die Schreibtische, die Rezeptionstheke mit Schlüsselschrank und die beiden „Kackstühle Dagobert", von denen später noch die Rede sein wird. Alles wurde in honigfarbenem „señiorialen" Holzton geliefert. Don Antonio freute sich, als er uns das Wort „señiorial" erklären durfte: Von Señior abgeleitet heißt das „hochherrschaftlich".

„Meißen aus Sevilla"

Mitten in die Hotelhalle plante ich einen handgemalten Keramikbrunnen von 180 cm Durchmesser. Vier Frösche spuckten Wasser in die Schale der 120 cm hohen Säule. Angeregt dazu wurden wir in der Alhambra von Granada.

Als diese Entscheidung gefallen war, gab es für mich kein Halten mehr. Es ging nun Schlag auf Schlag. Alle Befürchtungen, die spanischen Schönheiten aus dem Hotel des Europaparks in Freiburg nicht zu erreichen, waren auf einmal wie weggefegt. In Gröditz entstand das spanischste aller spanischen Hotels.

Viermal flogen wir nach Sevilla, einmal nach Valencia. Dieser Flug war teuer, aber lehrreich: Als ich die jungen Hünen einer Basketballmannschaft im Flugzeug sah, zeichnete ich anschließend sämtliche Türen und Betten auf 210 cm Länge um.

In Sevilla setzten wir uns mit einer der alt renommierten Kachelmanufakturen in Verbindung. Dort werden in Handarbeit Kacheln nach jahrhundertealten Motiven gefertigt. Fast ein Jahr lang waren sechs Porzellanmaler mit unserem Großauftrag beschäftigt. Die Rezeptionstheke einschließlich des darüberhängenden Oberteils erhielt Kacheln mit den gleichen handgemalten Ornamenten wie der Springbrunnen in der Halle. Sämtliche Bäder bekamen einen ein Meter hohen Sockel aus diesen wunderschönen Fliesen, ebenso unsere Toiletten in der Halle und die Gänge, die im Erdgeschoß zu den drei Seminarräumen und zum Vereinszimmer führen. Selbst die Setzstufen der frei sichtbaren großen Treppe erhielten dieses grün-gelb-blaue Design. Die ganze Hotelhalle trägt dieselbe Handschrift. Wo keine Kacheln sind, sieht man den honigfarbenen seniorialen Holzton. Die eleganten Stäbe des kanarischen Treppengeländers sind ein Kunstwerk für sich. Alles ist warm und behaglich. Spanien pur. Selbst wenn es draußen mal regnet, scheint innen Spaniens Sonne.

Aber Sevilla bot uns noch mehr: Wir ließen dort – ebenfalls in einem kleinen altbekannten Betrieb – über dreihundert verschiedene Buntglaslampen für die äußeren Arkaden, für die Gänge der Seminarräume und als Wand- und Deckenleuchten der Zimmerflure anfertigen. Auch diese Motive kannten wir aus der Alhambra. Welch hohe Kultur brachten die Mauren nach Spanien!

Eine junge Frau aus einer andalusischen Aristokratenfamilie betätigte sich als Kunstschmiedin (la dama de hierro – wie die „Vogue“ sie nennt) und fertigte für uns den Kronleuchter von über zwei Meter Durchmesser für die Halle und die rustikalen Lampen für den Außenbogen. Auch die beiden Fackelleuchten neben unserer alten Ritterrüstung über der Rezeptionstheke stammen aus ihrer Werkstatt.

Natürlich kamen wir auch an den zahllosen kleinen Galerien in Sevilla nicht vorbei und kauften dort einen Großteil der Bilder ein, die später in Teneriffa mit den prunkvollen spanischen Rahmen versehen wurden und heute unsere Gästezimmer schmücken. Ohne meine Frau, die noch allen möglichen spanischen Schnickschnack für die Dekoration sah und kaufte, wäre mir das nie gelungen. Die Bilder nahm sie mir gottlob völlig aus der Hand.

Sevilla ist eine herrliche Stadt. Nach den arbeitsreichen Tagen genossen wir es, abends im Altstadtviertel Santa Cruz zu sitzen, Rotwein zu trinken, den Gitarrenklängen zu lauschen und uns von den Zigeunerinnen eine glückliche Zukunft prophezeien zu lassen.

Merkwürdigerweise wurden wir von keinem unserer Lieferanten jemals zum Essen eingeladen. Andere Länder, andere Sitten.

Im Februar 1996 kamen Herr Lehmann und die beiden Möbeltischler aus dem Schwarzwald, die sich um den Auftrag bewarben, für eine Woche nach Teneriffa. Sie legten ihre Entwürfe vor und nannten ihre Preisvorstellungen. Entschieden wurde noch gar nichts.

Während die Planungen der Gästezimmer im ersten und zweiten Stock von mir waren, fühlte ich mich doch bei der Gestaltung der Seminarräume, der beiden Restaurants sowie der Bierstube überfordert. Lediglich das Vereinszimmer mit den 26 Vitrinen für die Trophäen und die Bibliothek entwarf ich noch selbst. Die Bibliothek ist eine Nachbildung unseres Wohnzimmers in Teneriffa. In der Mitte der großen offenen Bücherwand steht ein Kamin mit wuchtiger geschnitzter Ablage, seitlich davon ein Fach für Rotweinflaschen und auf der anderen Seite das Feuerholz. Durch seinen rustikalen Holzfußboden wirkt der Raum urgemütlich.

Unser hiesiges Wohnzimmer hat einen Nachteil: Die Gäste finden abends kein Ende. Deshalb erhebe ich nach Mitternacht meine Stimme: „Eigentlich wart Ihr ja für gestern eingeladen." Das wirkt.

Ich sagte mir: Was uns und unseren Gästen in Teneriffa gefällt, da werden sich auch die Gröditzer und unsere Hotelgäste wohlfühlen.

Kapitel 13

Die Sache mit den Glocken

Während die beiden Außentürme durch die großen Balkons und die Zimmerfenster eine angenehme Flächenauflösung (Architektendeutsch) erfuhren, erschien mir der Eingangsturm „obenherum zu nackig". Mir kam die Idee, daß spanische Herrenhäuser ja oft auch Glocken im Eingangsbereich hängen haben. Ich dachte an Shakespeares „Hamlet": Uhr oder Glocken – das ist die Frage.

Ich entschied mich für drei Glocken direkt unter der Kuppel. Die Idee kam mir reichlich spät, denn der Rohbau machte nun rasche Fortschritte. Aber ich hatte Glück, daß die Decke im zweiten Obergeschoß noch nicht gegossen war.

Die Glocken benötigten einen Wartungsraum, den ich in den Turm legen mußte. Dahinter gewannen wir nun einen zusätzlichen Raum. Über Nacht hatte ich ein neues Kind geboren – unser Glöcknerzimmer.

In Lauchhammer, 35 km von Gröditz, hatte die alte Glockengießerei den Betrieb wieder aufgenommen. Sie würde auch unsere Glocken gießen. Glocken in einem Hotel – welch eine Sensation! Die Besichtigung eines Glockenturms – was für eine touristische Attraktion für Gröditz! Ich malte mir aus, wie für jedes Hochzeitspaar, das zu uns kommt, wie bei jeder Familienfeier, die bei uns im Hause stattfindet, die Glocken geläutet werden! Wer hat so etwas aufzuweisen!

Der Klang unserer Glocken wurde auf das Geläut der evangelischen Kirche abgestimmt. Jede Glocke hat demzufolge eine unterschiedliche Größe.

Meine Frau meinte: „Jetzt müssen wir nur noch eine Madonna finden, die blutige Tränen weint – dann wird Gröditz ein Wallfahrtsort."

Unsere Glocken heißen: Einigkeit und Recht und Freiheit.

Name und Datum der Symbolik sind auf jeder Glocke eingegossen.
Die kleinste, „Einigkeit“, hängt links und trägt das Datum vom 8. Mai 1945. Es war das Ende des Zweiten Weltkrieges für Deutschland. Einigkeit herrschte im gesamten deutschen Volk darüber, daß es höchste Zeit war, daß dieser furchtbare Krieg zu Ende ging. Einigkeit herrschte aber auch bei den Alliierten, daß Deutschland niemehr auf die Beine kommen darf. Man denke an den Morgenthauplan, der vorsah, Deutschland in ein Agrarland zu verwandeln.

Es ist keine Frage, daß für die Juden und für die KZ-Insassen dieser Tag ein Tag der Befreiung war. Für die Masse der Deutschen und für die Millionen Deutschen aus den Ostgebieten, die sich auf der Flucht vor den Russen befanden, ist es jedoch der Tag des Zusammenbruchs gewesen. Hinzu kommt, daß nach diesem Datum aller Wahrscheinlichkeit nach mehr Deutsche an den Kriegsfolgen ihr Leben ließen als während des gesamtes Krieges.

Nun zu unserer mittelgroßen Glocke. Sie hängt ganz rechts in unserem Turm und trägt die Aufschrift „Recht“ mit dem Datum des 17. Juni 1953. Alle älteren Deutschen werden an den Aufstand der Bauarbeiter in Berlin und in vielen anderen Städten der damaligen DDR erinnert. Mit sowjetischen Panzern wurde dieser nationale Aufbruch niedergeschlagen. In Gröditz erinnert eine Bronzetafel am Stahlwerk an den Aufstand der Stahlarbeiter am 17. Juni 1953.

Die größte Glocke hängt in der Mitte.
Sie trägt das Datum vom 9. November 1989 und heißt „Freiheit“. Da fiel die Berliner Mauer. Mit diesem Tag ist der Beginn der Wiedervereinigung unseres Vaterlandes verbunden.

Zwischen der Beendigung des Zweiten Weltkrieges und dem Einleiten der Wiedervereinigung liegen 44 Jahre. Wir erlebten den Fall der Mauer an den Fernsehgeräten in Teneriffa. Durch ein Versehen bei der Nachrichtenübermittlung wurden schon am Abend des 9. November die Grenzen nach Westberlin geöffnet. Wir saßen in

Teneriffa auf dem Sofa und unsere Tränen liefen bei diesen Bildern nur so herunter. Es war einer der größten und wohl der ergreifendsten Tage der deutschen Geschichte. Was lag näher, die größte Glocke im SPANISCHEN HOF „Freiheit“ zu nennen.

Glocken sind etwas Heiliges. Sie begleiten uns von unserer Geburt bis zu unserem Tode. Unsere Glocken sind die einzige Hotelinvestition, wo ich weder einen Nachlaß noch einen Wiedervereinigungsrabatt herunterhandelte. Ich wäre mir einfach schäbig vorgekommen. So, als würde ich dem lieben Gott etwas abhandeln wollen.

Den Glockenguß in Lauchhammer erlebten wir Ende September 1996 alle mit. Wir fuhren in einem Bus mit 45 Personen dorthin. Es ist ein ergreifendes und sehr bewegendes Gefühl, wenn man zusehen darf, wie die eigenen Glocken gegossen werden. Für alle Teilnehmer war das ein ganz starkes Erlebnis.

Vor dem Aufschlagen des Dachstuhls gab es noch ein Problem zu lösen. Das rote Hauptdach und die beiden Vordächer konnten natürlich nicht aus normalen Ziegeln gemacht werden. Es mußte die typische südländische Eindeckung – Mönche und Nonne – sein. Hier spanische Originalziegel einzusetzen, scheiterte an den hiesigen Witterungsbedingungen. Herr Lehmann fand in Niederbayern das einzige deutsche Werk, das noch Formen für diesen Ziegeltyp hatte.

Die drei Kuppeln wurden in der ehemaligen Modelltischlerei des Stahlwerkes Gröditz gedreht. Man merkte den Stolz der Handwerker bei ihrer Arbeit.

Am 30. August 1996 war Richtfest.

Die Poliere Breitmoser und Wolf hatten den Rohbau festlich geschmückt. Beide noch keine 30 Jahre jung, waren sie vom ersten Tag an die Seele unserer Baustelle.

Die Zimmerleute hatten einen hölzernen Storch in Lebensgröße als Symbol der Fruchtbarkeit auf die Kuppel über einer Hochzeits-Turmsuite montiert. Es gibt noch viele Störche in der Gegend um

Gröditz, und gern hätte ich ein Wagenrad als Grundlage für ein Storchennest auf's Dach montieren lassen, doch Herr Lehmann riet mir wegen der zu befürchtenden Verschmutzung unseres Daches ab. Recht hatte er.

Unsere erste nachhaltige Werbemaßnahme bestand darin, daß ich tausend Bierkrüge mit der Abbildung des Hotels + Telefon und Faxnummer anfertigen ließ, die wir unseren 800 geladenen Gästen mitgaben.

Meine Schulkameraden zeigten mir Bilder von einem edlen österreichischen Hotel, in dem es ihnen sehr gefallen hatte. Damit wichen meine Befürchtungen, ich könnte den SPANISCHEN HOF innen zu fein gestalten.

Unser Richtfest wurde – wie es sich geziemt – ein großes Besäufund Befreßnis.

Nachdem das Dach nun dicht war, konnte auch der Möbelinnenausbau beginnen.

Wir hatten nun 53 Zimmer, die im Höchstfall eine Belegung von 120 Personen zuließen. Ein paar Zimmer weniger hätten es für Gröditz auch getan.

Mit einem Hotelier unterhielt ich mich über unsere drei Seminarräume.

Für eine große Sauna hatte ich schon drei Zimmer „geopfert".

Mein Gesprächspartner gab zu bedenken, ob es nicht richtiger sei, auf weitere fünf Zimmer zu verzichten und diese Fläche im ersten Obergeschoß, die direkt an der Treppe lag, für eine Saunalandschaft oder – wenn Sie so wollen – für ein großes Vitalisarium zu benutzen. Er sagte: „Was haben Sie denn außer Radfahren und Ihren Teichlandschaften für Ihre Seminarbesucher sonst zu bieten?"

So mußte ich quasi in letzter Minute – bevor die Zimmerwände gestellt wurden – meinen ursprünglichen Plan nochmal umwerfen.

Unser Vitalisarium ist mit einem Kosmetik- und Massagestudio, einem Dampfbad, einer Aromagrotte, einer großen Sauna und einer

Erlebnisdusche eine Attraktion im Hotel für sich. Der Clou ist die „Erlebnisschnecke". Man geht durch einen schneckenförmigen Gang bis zum Ende, und alle zehn Sekunden erhält man einen anderen Licht- oder Wasserstrahl von den Seiten oder von oben. Eine putzverrückte Idee. Die Decke gestaltete mein Freund und Alleskönner, Helmut Mebesius, indem er empfahl, über 300 winzige Lichtpunkte im Umriß der Zeichen des Tierkreises aus der abgehängten Decke herausschauen zu lassen. Wunderschöne Wandmalereien mit dem Teide von Teneriffa in dem Ruheraum runden das perfekte Bild ab.

Unser Vitalisarium ist nicht nur für die Hotelgäste, sondern für die gesamte Bevölkerung geöffnet.

Nun blieben uns noch 48 Zimmer. Ein Gastronom sagte: „Ein Hotel, das nicht drei Monate im Jahr zu klein ist, ist zu groß!"

Kapitel 14

Hoteldirektor gesucht

Zum Schloß Johannisberg gehört ein Gutsausschank.
Von dort oben hat man den schon beschriebenen wunderbaren Blick über den gesamten Rheingau. Wir sind dort alle zwei Wochen einmal zum Essen. Der Betrieb war neu verpachtet worden, und es herrschte dort seitdem ein reges Treiben. Durch seine besondere Freundlichkeit fiel mir der Geschäftsführer auf, ein umtriebiger junger Mann von 1,90 m Größe, noch nicht einmal 30 Jahre. Man sah ihn Speisen mit auftragen. Mit der gleichen Selbstverständlichkeit räumte er ab und griff zu, wo es eng wurde. Sicher keine Alltäglichkeit, wenn man ein Dutzend anderer Leute herumlaufen sieht.

Als wir uns verabschiedeten, stellte ich mich vor und fragte ihn gradewegs, ob er wohl ein Leben lang hier in diesem Restaurant der Geschäftsführer bleiben möchte. Wußte ich doch, daß die gastronomische Branche eine sehr große Fluktuation aller Mitarbeiter hat. Herr Ertel sagte: „Eine Ewigkeit werde ich nicht hier bleiben, aber ich bin ja jetzt erst drei Monate da“. Ich zeigte ihm ein Bild vom SPANISCHEN HOF und erklärte kurz das Projekt, gab ihm meine Karte und sagte ihm, daß ich ihn in den nächsten zwei Tagen anrufen werde. Das könnte er werden, sagte ich zu meiner Frau auf der Heimfahrt.

Ein Jahr vor der Eröffnung dieses ausgefallenen Hotels wurde es nun höchste Zeit, daß ich mich mit dem sensibelsten Teil – der Geschäftsführung – befaßte. Was nützte jede noch so durchdachte Ablaufplanung eines Hotels, wenn der wichtigste Mann fehlte. Der Menschenführer. Der, der einem so individuellen Haus Seele gibt.

Was hatte ich bei POLSTER RICHTER für Reinfälle erlebt! Und von dieser Branche verstand ich was. In der Gastronomie hingegen tappte ich doch völlig im Dunkeln. Ich sagte mir, lieber verschiebst du die Eröffnung, als daß mit einem Mann gestartet wird, bei dem meine Entscheidung halbherzig ist.

Ein Woche später saß Herr Ertel zum ersten Mal vor mir in Winkel. Er war der Jüngste von drei Geschwistern. Als ich erfuhr, daß sein Vater höherer Polizeioffizier in Berlin war und sein Bruder in die gleiche Kerbe schlug, war der wichtige Teil – aus welchem Stall kommt er? – abgeklärt.

Unter Eltern und Geschwistern bestanden sehr enge Beziehungen. Aus den Erzählungen heraus gab es für meine Frau und mich bereits Bindungen zu seinem Elternhaus, noch bevor wir „die Ertels“ kannten. Polizei heißt für mich: Ordnung, Disziplin, Pflichtbewußtsein. Es stimmte alles.

Aus mehreren Gesprächen war mir klar, daß Jens Ertel von seiner Hotelausbildung her, nach dem Abitur, das Handwerkszeug besaß, um dieser interessanten Aufgabe gewachsen zu sein.

Ich setzte auf ihn.

Vier Wochen nach unserer ersten Begegnung lernten wir seine interessante Freundin kennen. Frau Barbara, wie ich sie nenne, ist 1,75 groß, schlank und genau die gleiche sympathische Erscheinung wie ihr zukünftiger Mann.

Die beiden wollten am 7. Dezember 1996 heiraten. Frau Barbara war Fußballreporterin bei der Bundesliga und saß im Frankfurter Raum. Wer gibt einen solch guten Job gern auf, wenn der Mann nach Sachsen geht? Das junge Paar kam mit sich überein, daß Frau Ertel vorerst in Frankfurt blieb und man sich an den Wochenenden sah. Sollte sich Nachwuchs einstellen, würde dann gemeinsam in Gröditz gewohnt.

Wie stark die Familienverbundenheit unter den Ertels ist, mag man daran erkennen, daß sich während des Urlaubs der jungen Leute die Eltern Ertel aus Berlin mit Platzhalterfunktion im SPANISCHEN HOF einquartierten. Bei Frau Ertel (geb. Leicht) ist es nicht anders. Schon zweimal kam Frau Barbara's Mutter für mehrere Tage aus Kassel, um ihrer Tochter bei der festlichen Weihnachtsdekoration unseres Familienhotels zu helfen.

Und wieder einmal meinte es der liebe Gott mit uns allen gut. Nach einjähriger Ehe meldete sich Julia an. Am 9. Juli 1998 wurde ein prächtiges, gesundes Mädchen geboren. Man kann eben sehen, was so ein hölzerner Storch auf einer Kuppel beim Richtfest alles bewirkt. Im Geiste stelle ich mir Julia in 20 Jahren vor, wie sie mit der gleichen Liebenswürdigkeit, die ihre Eltern haben, unsere Gäste empfängt.

Am 1. Februar 1997 übernahm Herr Ertel die alleinige Geschäftsführung des SPANISCHEN HOFES. Das war genau ein halbes Jahr vor der Eröffnung.

Bisher wurde ja nur die Rohhülle des SPANISCHEN HOFES erstellt, oder – wie die Computerleute sagen – die Hardware. Das Personal – die Software – war nun am Zuge. Bis Ende Januar 1997 hatten wir, ohne daß wir überhaupt inseriert haben, rund 300 Bewerbungen erhalten. Jetzt war es die Aufgabe von Herrn Ertel, sich sein Personal selbst einzustellen.

Ganz bewußt wollte ich keinerlei Einfluß nehmen auf irgendwelche Personalentscheidungen. Herr Ertel mußte mit seinen Mitarbeitern zusammenarbeiten, nicht ich.

Im Grundsatz waren wir uns einig. Obwohl es in der Gastronomie von ausländischen Arbeitskräften wimmelt, werden im SPANISCHEN HOF nur Einheimische beschäftigt. Unsere deutsche Arbeitslosigkeit gilt es zu bekämpfen.

Bei uns steht Höflichkeit vor Fachkompetenz. Herr Ertel: „Wir wollen das freundlichste Hotel Deutschlands werden. Unfreundlichkeit ist Körperverletzung am Gast!“ Ich scherzte: „Mit einem Lächeln die Bratensoße über den Anzug geschüttet ist nicht so schlimm, als wenn das Serviermädchen dabei noch ein grimmiges Gesicht macht.“

Erfahrene Seereisende wissen, welche Probleme es auf der Jungfernfahrt eines Passagierdampfers gibt. Oft kommt es in den ersten Tagen nach dem Auslaufen zu einem heillosen Durcheinander bei dem Personal. Nun galt es, das Schiff SPANISCHER HOF gut zu Wasser zu bringen und darauf zu achten, daß es beim Ablegen und den ersten Seemeilen keine Pannen gibt.

Es gehört ungeheures Organisationstalent und eine intensive Schulung der Mitarbeiter dazu, um die Eröffnungsphase (pre opening) zu meistern.

Zu diesem Zweck suchten wir nach fremder Hilfe.

Beratungsfirmen auf dem Hotelsektor gibt es noch und noch. Nie ist mir mehr Scharlatanerie begegnet als in dieser für mich völlig neuen Branche. Interessanterweise waren die Berater alles handfeste Menschen, die aus der Hotelbranche kamen. Über 40 Jahre, Koch oder Kellner oder beides gelernt, wollten sie dann dem Druck, der in der Gastronomie herrscht, entgehen und machten sich als Berater selbständig. Sicher liegt das auch mit an den relativ niedrigen Entlohnungssystemen.

Die einzige seriöse Beratungsfirma sah ich – zumindest in meiner laienhaften Vorstellung – in der Hotour in Frankfurt. Die beiden Geschäftsführer machten einen Erstbesuch bei mir in Winkel. Nach einem intensiven Gespräch schrieben sie mir ab.

Das reizte mich, denn solches war bisher noch nicht geschehen. Wahrscheinlich war ihnen der SPANISCHE HOF zu klein und zu abgelegen. Was hatten sie für eine Veranlassung, ihrer guten Referenzliste einen Versager hinzuzufügen. Dazu war ihnen wohl ihr Ruf zu schade.

Die Herren hatten aber nicht mit meiner Hartnäckigkeit gerechnet. Schließlich sagten sie zu, und es entwickelte sich eine recht fruchtbare Zusammenarbeit.

Nur mit der empfohlenen Frankfurter Hotelwerbeagentur klappte es nicht.

Das Logo sollte bei uns die wunderschöne, maurisch-kanarische Fassade beinhalten. Die Frankfurter meinten, das sehe nach einem Gefängnis aus. Die Spezialagentur wollte zehn große Hinweisschilder um Gröditz herum aufstellen. Ich hingegen plädierte für hundert Schilder – möglichst mehr.

Man sollte einen alten Affen keine Fratzen schneiden lehren. 110 Millionen Mark hatte ich bei POLSTER RICHTER für Werbung ausgegeben. Werbung war meine Leidenschaft. Es ist gleichgültig, ob man für Automobile, Saure Gurken, Handkäs' oder die Hotelbranche Werbung macht. Das Wesentliche, den Menschen anzusprechen, ist überall das Gleiche. Zuviele Leute vergessen, daß der Kunde stets im Mittelpunkt unseres Denkens und Handelns stehen muß. Erfolg hat nur derjenige, dem es gelingt, seine Mitarbeiter und die Kunden hinter sich zu bringen, die er anspricht. Erfolg ist kein Zufall!

Gröditz liegt für den Touristen völlig versteckt, und in diesem Ort vermutet kein Mensch ein so außergewöhnliches Hotel. Folglich mußten wir es mit einer ganz besonders intensiven Werbung versuchen, in den Mittelpunkt zu rücken.

Schon einige Monate vor der Eröffnung hatte die Bildzeitung – von den örtlichen Zeitungsorganen mal ganz abgesehen – sich dieses verrückten Vogels angenommen, der in einer so abgelegenen ostsächsichen Kleinstadt ein solch ungewöhnliches Hotel baut. „Der Engel von Gröditz“ – so wurde ich hochstilisiert.

Wenn die Zeitungsleute Gröditzer Bürger interviewten, erfuhren sie immer davon, was ich alles schon gemacht hätte. In den Augen vieler Gröditzer konnte ich überhaupt keine Fehler machen. Das spürte man und das merkte man bei jeder Begegnung. Die Gröditzer haben nie gemerkt, wie stark mich diese lobenswerte Voreingenommenheit belastet hat. Ganz besonders beim Hotel.

Unsere 100 Schilder in den Landkreisen Elbe-Elster und Riesa-Großenhain wollte ich bei Privatpersonen aufstellen. Wir wollten die Leute nicht mit Geld abfinden, sondern sie zu Partnern an unserer Aktion „Aufbau-Ost“ machen. Sie sollten sich als unsere Mitmacher fühlen und wurden aus Dankbarkeit dafür jährlich einmal mit ihrer gesamten Familie zu einem großen Festessen eingeladen. Mit den älteren Menschen wollte ich auch die junge Generation interessieren. Wer die Jugend gewinnt, sorgt für die Zukunft.

Wir entwarfen große Schilder, die oben unseren typischen Bogen hatten und nach unten hin in Stahlrohr gefaßt im Boden standen. Auf diesen Schildern prangte ganz groß die Abbildung des SPANISCHEN HOFES mit dem Zimmerpreis ab DM 98,– für das Einzelzimmer mit Frühstück. Wer bei diesem Preis noch handeln möchte, dem sei gesagt, daß Rabat(t) eine Stadt in Marokko ist.

Diese Werbeschilder waren eine optische Augenweide und fielen schon weithin sichtbar auf.

Unsere Verkaufsleiterin, Frau Wittig, entwarf einen Brief an unsere Partner mit dem Dank von Herrn Ertel fürs Mitmachen.

Herr Knittel ist unser Hausmeister. Mit seinen einundfünfzig Jahren ist er in seiner ständig strahlenden Fröhlichkeit ein Vorbild dafür, daß Mitarbeiter über fünfzig noch lange nicht zum alten Eisen gehören. Als gelernter Tischler gibt es für ihn nichts, was er nicht kann. Beim Läuten unserer Glocken trägt er einen kanarischen Hirtenmantel mit dem dazugehörigen Filzhut. Herr Knittel ist ein Erlebnis für sich. Er übernahm die gesamte Schilderaktion, verteilte den Werbebrief, schloß dann mit den jeweiligen Hausbesitzern ab und plazierte die Schilder in den beiden Landkreisen.

Diese rund 100 Schilder bewirkten innerhalb von kurzer Zeit einen ungeheuren Bekanntheitsgrad des SPANISCHEN HOFES. Viele Passanten sahen unsere Schilder und übernachteten bei uns. Aber auch für die örtliche Bevölkerung im Umkreis von 30 bis 40 km war es eine ständige Erinnerung, daß es nun in Gröditz den SPANISCHEN HOF, ein Viersterne-Hotel zu Zweisterne-Preisen, gibt.

Durch unsere Werbeschilder kamen Gröditz und der SPANISCHE HOF mit einem Schlag ins Gespräch. Es war eine zündende Idee!

Aber der Zufall bescherte uns noch eine kostenlose Werbung.

Im März 1997 rief Herr Borchert vom MDR (Mitteldeutscher Rundfunk) in Teneriffa an und fragte mich, ob ich an seiner Talkshow „Unter uns" mit Ulrike Nitzschke in Erfurt teilnehmen könnte. Spontan sagte ich für den 2. Mai zu, obwohl ich diese Sendung nicht kannte. Herr Borchert bereitete meinen Auftritt vor und lud als zusätzlichen Gesprächspartner meinen Klassenkameraden Heinz Grimm ein.

Eine Woche vor der Sendung drehte ein Fernsehteam einen Kurzfilm in Gröditz, bei dem die renovierten Häuser, meine Schule, das neue Denkmal und der SPANISCHE HOF mit dem Aufhängen der Glocken gezeigt wurden.

Nun rückte Gröditz das erste Mal in die breite Öffentlichkeit.

Von fünf Teilnehmern kam ich als erster an die Reihe. Offenbar hatte man sich von mir einen starken Auftritt erhofft.

Ich war wahnsinnig aufgeregt und konzentrierte mich nach der ersten Frage von Ulrike Nitzschke verkrampft auf meine Antwort. Mein erstes Fernseh-Interview – life! Doch das legte sich in den ersten paar Sekunden, und ich lief zu meiner üblichen Form auf.

Die sympathische Moderatorin hatte mein Buch gelesen und stellte ganz gezielt dazu Fragen. So durfte ich einen Kurzausschnitt über mein Leben – beginnend, als ich damals vor 50 Jahren in den Westen ging bis zu meinen Aktivitäten in Gröditz – geben.

Dieser Fernsehauftritt förderte den Erinnerungswert an den SPANISCHEN HOF und die Röderstadt Gröditz ganz beträchtlich.

Heinz Grimm wurde von der charmanten Ulrike Nitzschke nach unserem ersten Klassentreffen im Westen befragt. Wie ein Routinier plauderte er humorvoll und munter drauflos.

Es hatte mich immer gestört, daß Fremde, wenn sie Gröditz hörten, Görlitz wiederholten. Hier hatte ich Gelegenheit, das erste Mal nicht von Gröditz, sondern von der Röderstadt Gröditz zu sprechen. Abgesehen davon klingt eben Röderstadt städtisch. Zugegeben: Bei dieser Namensveränderung wollte ich vordergründig verhindern, daß unsere Hotelgäste den SPANISCHEN HOF in Görlitz suchen.
Heute spricht auch unser Bürgermeister von der Röderstadt Gröditz.

Der größte Werbeerfolg in dieser Life-Sendung jedoch war: Auf einem 40 x 80 cm großen Schild wurde der SPANISCHE HOF einschließlich Telefonnummer eingeblendet. Zum Mitschreiben. Offenbar war mein Auftritt in Erfurt gut. In der Sommerpause wurden die Stargäste des abgelaufenen Jahres präsentiert. Ich war in voller Länge dabei. Die Wiederholungssendung fiel fast mit der Hoteleröffnung zusammen.

Mitteldeutsches Fernsehen – herzlichen Dank!

Das Riesenspielzeug

Bei meinem ständigen Drang, Außergewöhnlichkeiten in unser Hotel zu bringen, dachte ich auch an die Außenanlagen. Hier speziell an die lange Freiterasse zur großen Röder hin. Ich wollte ein großes hölzernes Wasserrad, das sich direkt neben dem Flußufer bewegt. Man sieht das Rad von den Restaurants und von der Freiterrasse aus. Wer aus dem Vitalisarium im ersten Obergeschoß schaut, freut sich genauso an dem sich langsam drehenden, meinem Lieblingsspielzeug. Abends wird es angestrahlt – ein herrlicher und sehr beruhigender Effekt. Wasser bringt Bewegung und zeugt von Kraft. Der Platz ist ideal. Es könnte schon vor hundert Jahren hier gestanden haben.

In dem Container aus Teneriffa hatten wir auch Pergola-Stützen mitgeschickt, die beim Bau des dortigen Hauses vor 23 Jahren übriggeblieben waren. Die konnte ich nun gut gebrauchen. Ich zeichnete 2,80 m hohe, parallel angeordnete hölzerne Trägerbalken im Abstand von 2,50 m, verband sie mit Längssparren, legte darauf meine Pergolahölzer und obenauf kam eine 30 cm breite und 20 cm hohe Wasserrinne. Darüber laufen seit dem 25. Juli 1997 fünfundvierzig Liter Wasser pro Minute.

Liest sich das alles zu technisch? Diese Erzählung mit meinem Lieblingsspielzeug quoll mir aus der Seele.

Es gibt Kaffeegäste, die kommen extra wegen unseres Wasserrades.

Die Zusammenarbeit zwischen Herrn Ertel und der Beratungsgesellschaft HOTOUR lief ausgezeichnet. Von Herrn Ertel wurden ja nun neben der Personaleinstellung Interna entschieden, von denen ich absolut keine Ahnung hatte. Unser starkes Vertrauensverhältnis vertiefte sich schon vor der Eröffnung.

Mich aber bewegte bereits vor Baubeginn der Gedanke: Was wird mit dem Hotel, wenn ich einmal die Augen zumache? Eine Stadt ist doch nie in der Lage, einen solchen Betrieb zu führen. Auf unserer Pressekonferenz wurde ich von drei Journalisten im internen Gespräch darauf aufmerksam gemacht, daß eine Übertragung auf die Stadt wohl wenig sinnvoll sei: „Dann haben wir doch wieder die Verhältnisse wie zu DDR-Zeiten“.

Ich habe mit der Stadtverwaltung abgesprochen und testamentarisch festgelegt, daß der SPANISCHE HOF nach meinem Ableben an die Stadt fällt.

Zug um Zug wird er anschließend zu moderaten Jahresraten an einen seriösen privaten Betreiber verkauft. Damit herrschen klare Verhältnisse.

Der Bau ging nun in die Endphase. Für Herrn Lehmann mit seiner Bauleitung war es wohl die größte Belastung. Selbstverständlich hatte die Planung der kompletten Außenanlagen mein langjähriger Vertrauter, der Landschaftsingenieur Rolf Raible aus Mainz übernommen. Der Gartenbaubetrieb Kunath aus Gröditz führte die Arbeiten aus.

Eine Dresdner Werbeagentur war zuständig für die Eröffnungskampagne einschließlich der PR (public relations). Acht Wochen vor Eröffnung begannen wir mit der Anzeigenschaltung in den sächsischen Großstädten und in Berlin. Das Schwergewicht lag im Umkreis von vierzig Kilometern; überall dort, wo unsere Schilder standen, um den Wiedererkennungswert zu erhöhen.

„Große spanische Fiesta am 2. und 3. August 1997 in der Röderstadt Gröditz" war die Überschrift.

Den offenen Sonntag legten wir eine Woche vor den Eröffnungstermin. Mehr als 2.000 Besucher erschienen. Die Bevölkerung kam aus dem Staunen nicht heraus. Wir erhielten einen ersten Vorgeschmack, was uns am Eröffnungstag erwartete.

Zwei Tage später war die Pressekonferenz. Nicht nur die regionale, sondern auch die überregionale Presse war eingeladen. Selbst die ZEIT entsandte aus Berlin einen Journalisten. Nach dem allgemeinen Bericht wurde die Presseschar durch das gesamte Hotel geführt. Man hatte Gelegenheit zu fotografieren. Da wir zwei Führungen anboten, kam es gleich zu den ersten Einzelgesprächen. Für mich war das interessanteste an den Interviews, daß man sich Gedanken darüber machte, wie es mit dem Hotel nach mir mal weitergeht. Ich war erfreut, aber auch verblüfft über dieses intensive Nachdenken der Damen und Herren.

Kapitel 15

Rundgang durchs Hotel

Bevor ich über die Eröffnungsfeierlichkeiten berichte, möchte ich mit dem Leser einen Rundgang durch das nun fertiggestellte Hotel machen. Vieles wissen Sie schon, einiges bedarf der Ergänzung. Von Dresden kommend sehen wir schon von weitem den großen spanischen Eingangsbogen. Nachdem wir ihn durchfahren haben,

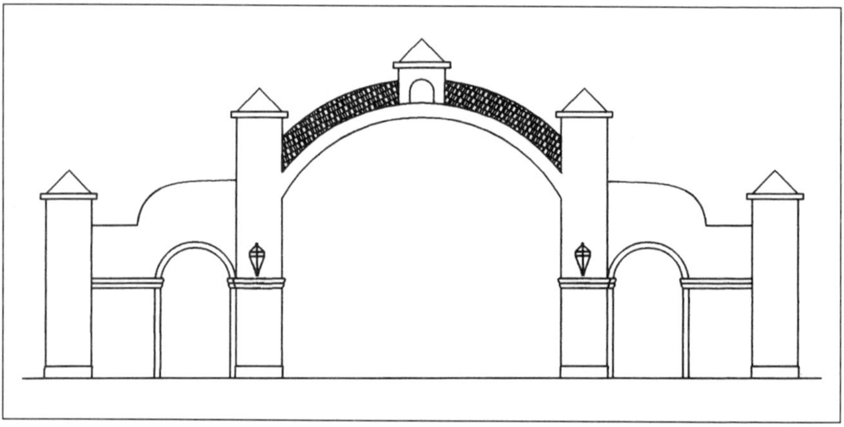

befinden wir uns in einer anderen, einer südlichen Welt. Hier empfängt uns die über hundert Meter lange Ahornallee. Zwischen den Bäumen sind rechts und links Parkplätze, die von großen schmiedeeisernen Laternen beleuchtet werden. Die Allee mündet in ein großes Rondell als Hotelzufahrt. Direkt nach dem Eingangsbogen erhält man den ersten Eindruck der maurisch-kanarischen ockerfarbenen Fassade mit den Bogengängen, die durch Buntglaslampen vor allem abends in zauberische Farben gehüllt werden. Die beiden wuchtigen Außentürme mit den großen Kuppeln und der Eingangsturm mit den drei Glocken ergänzen das fremdartige Bild. Vor dem Haupteingang, direkt unter der rustikalen Balkendecke des

Glockenturms, ist eine große Steinplatte mit der SATOR AREPO-Formel in den Fußboden eingelassen.

Die Worte dieses magischen Quadrates ergeben in jeder Richtung gelesen den gleichen Sinn (Palindrom). Es ist eine erstmals aus dem im Jahr 79 n. Chr. zerstörten Pompeji überlieferte Zauberformel zur Abwehr von Unheil und Brandgefahr.

S	A	T	O	R
A	R	E	P	O
T	E	N	E	T
O	P	E	R	A
R	O	T	A	S

Magisches Quadrat – die Worte ergeben in jede Richtung den gleichen Sinn. Aus Pompeji überlieferte Zauberformel zur Abwehr von Unheil und Brandgefahr.

Die gesamte Vorderfront unter den Arkaden besteht aus gedrechselten Stäben im kanarischen Stil. Von einer Gröditzer Tischlerei wurden sie nach meinen Zeichnungen in Eichenholz gefertigt und honigfarben mattiert. – Ein künstlerisches Meisterwerk sächsischer Handwerkskunst.

Zwei Meter hinter der Eingangstür liegt in einer beleuchteten Grube der Grundstein. Es ist ein großer, ganz seltsam geformter Steinbrocken, den meine Frau bei den Baggerarbeiten entdeckt hatte. Die Grube ist mit einer trittfesten Glasplatte abgedeckt. Ihre ziselierte Inschrift endet mit dem Satz:
„GOTT SEGNE DIESES HAUS“.

Von hier aus übersieht man nicht nur die gesamte Hotelhalle, sondern zur Linken auch die beiden Restaurants mit ihren 70 Plätzen und schaut weiter bis zur großen Röder auf mein Lieblingsspielzeug, das bereits beschriebene Wasserrad. Schon von hier aus ist sein gemächliches Drehen eine Augenweide.

Ganz vorn links befindet sich die Rezeptionstheke mit den bunten sevillanischen Kacheln. Auf dem Vorsprung des abgehängten Oberteils steht in 2,50 Meter Höhe ein Ritter in voller Rüstung. Hier in Teneriffa entdeckten wir ihn in einem Antiquariat. Links und rechts von ihm zwei Fackellampen, die die breite, mit einer kanarischen Landschaft bemalte Rückwand im ersten Obergeschoß beleuchten.

Unsere Halle ist mehr als sechs Meter hoch und wird von oben von schweren rustikalen Balken abgeschlossen. Zwischen diesen alten Balken sind mit Blumenmotiven bemalte Kassetten eingelassen. In der Mitte hängt der gewaltige handgeschmiedete Leuchter.

Der Blick ist freigegeben in das erste Obergeschoß, wo man durch drei große Bögen auf den Lift sieht. An dieser Stelle ist der Flur 2,40 Meter breit, und soweit man schauen kann, hängen die bunten Glaslampen aus Sevilla.

Zur Rechten sieht man das offene Treppenhaus, das sich über drei Ebenen erstreckt. Dann fällt unser Blick wieder nach unten auf den spanischen Brunnen mit den nach alten Motiven handgemalten Kacheln, der die Halle dominiert.

Gern sehen wir es nicht, aber wir können es auch nicht verhindern, daß Kinder den Keramikfröschen auf dem Brunnenrand die Mäuler zuhalten, damit die restlichen umsomehr Wasser in die obere Schale spucken.

Die Lifttüren hinter dem Brunnen tragen das Wappen des spanischen Königs.
Rechts daneben schaut man durch einen breiten Durchgang in die gemütliche Bibliothek mit ihrem offenen Kamin. Der Hallenfußboden ist aus spanischen Terrakottaplatten.

Wir gehen nun den breiten, mit einem sevillanischen Kachelsockel gefliesten Flur entlang und betreten die drei Seminarräume. Sie haben verstellbare Zwischenwände und eine Bühne. In geöffnetem Zustand bringen wir für kulturelle Veranstaltungen 180 Personen unter. Bei uns Seminare abhalten heißt, spanische Sonne pur tanken. Wir bieten die besten Voraussetzungen eines unvergeßlichen Erlebnisses für Ihre Mitarbeiter.

Auf dem Weg zu den Gästezimmern im 1. und 2. Obergeschoß genießen wir von der Freitreppe den Blick in die Halle. Das sanfte Plätschern unseres Brunnens ist ständig Musik in unseren Ohren. In den beiden Außentürmen gibt es zwei Bauernzimmer mit Balkon und Blick aufs Rondell. Damit hat es eine ganz besondere Bewandtnis: Bitte lesen Sie selbst, wie das in den SPANISCHEN HOF kam.

Im heißen Frühling des Jahres 1797 reiste die sechzehnjährige Prinzessin Maria von Habsburg aus ihrer Heimatstadt Wien nach Burgos in Spanien. Ihre Eltern, der Kaiser Leopold und seine Frau Carlota, hatten sie dem spanischen Thronfolger Don Francisco zur Frau versprochen.

In ihrem zahlreichen Gefolge befand sich auch das Edelfräulein Helene von Tamm. Ihr war trüb zumute. Sie hatte Angst vor den finsteren spanischen Burgen und vor dem steifen, strengen Zeremoniell am spanischen Hofe und träumte sich zurück in die glitzernden Säle der Wiener Hofburg, voller Musik und Frohsinn. Sie wusste, dass sie einem unbekannten Schicksal entgegenritt, denn der alte Baron von Tamm hatte die Gelegenheit genutzt und die Fünfzehnjährige dem verwitweten Grafen Don Enrique Carrasco y Alavaro verlobt.

Man hatte ihr nur erzählt, dass er auf die Fünfzig zugeht, Herr über riesige Ländereien ist, edelste Araberpferde besitzt und die wildesten Kampfstiere züchtet. Seine um vieles jüngere erste Frau war vor einem halben Jahr im siebten Kindbett gestorben. Von Helenes Tränen erweicht, hatte ihr Vater erlaubt, dass sie außer ihrer alten Kinderfrau und ihren drei Malteserhündchen auch ihr bunt bemaltes Schlafzimmer mit in die Fremde nehmen durfte.

Soviel berichten uns die erhalten gebliebenen Urkunden über den Brautzug. Über Helenes weiteres Leben an der Seite des Grafen Don Enrique ist uns nichts bekannt, doch scheint das geblümte Schlafzimmer ihre spanischen Freundinnen derart begeistert zu haben, dass es so manches Mal nachgemacht wurde, und eine solche Kopie gelangte schließlich auch in den „SPANISCHEN HOF "nach Gröditz im ehemaligen Königreich Sachsen.

Schwere Schallschlucktüren zu allen Zimmern sorgen für den ungestörten Schlaf unserer Gäste. Garderobe, Hosenbügler und großer Kofferbock dienen ihrer Bequemlichkeit. Überall, wo Gefahr besteht, sich stoßen zu können, sind die Ecken abgeschrägt, seien es die Kanten an Betten und Schränken oder im Bad. Ein breiter Schreibtisch vor dem großen Bogenfenster bietet Platz für Fax, Laptop und die unvermeidlichen Akten. Den oberen Teil der Eckschränke bildet ein kunstvoll ausgearbeitetes hölzernes Sternengitter, das von hinten beleuchtet ist. Dieses Motiv zieht im überall zu findenden honigfarbenen Holzton durch das ganze Haus.

Meine Beobachtungen haben ergeben, daß beim Hotelfernsehen drei Fehler gemachten werden: Die Geräte sind zu klein, stehen zu tief und nicht vor den Betten. Bei uns sind die Fernseher 57 cm groß, stehen 1,50 m hoch im Eckschrank und damit genau vor dem Bett.

Dem Einzelgast gefällt es nicht, wenn neben ihm ein leeres Bett steht. Aber wenn er in einem 160 cm breiten, 210 cm langen Eckbett schläft, fühlt er sich als König. Das Blau-Gelb der Teppiche, Vorhänge und Bezugsstoffe, die rustikal gewischten Wände in ockerfarben und sonnengelb mit ihren Bordüren und die spanischen Landschaftsbilder verstärken das südliche Ambiente.

Unsere Gäste haben es schwer: Sie wissen nicht, ob es in den Zimmern selbst, in der urgemütlichen Bodega (Bierstube), in den Restauranträumen oder in der Bibliothek am behaglichsten ist. Um alles wohnend zu genießen, verlängern manche spontan ihren Aufenthalt im SPANISCHEN HOF.

Das macht unsere fröhlichen Mitarbeiter stolz, denn unsere Gäste sparen nicht mit Lob.

Von Gröditz ist ja alles so bequem zu erreichen: Dresden eine Stunde, Meißen 35 km, und zum Spreewald fährt man 1 ½ Stunden. Da freut man sich abends aufs gemütliche Nest.

Unsere letzte Besichtigung führt uns in das Allerheiligste. Wir haben eine altweiße und eine honigfarbene Hochzeits-Turmsuite.

Ich schicke voraus – man muß nicht unbedingt heiraten, um drin zu wohnen.

Vom Wohnzimmer im zweiten Obergeschoß führt eine breite Wendeltreppe in das Schlafzimmer nach oben. Direkt unter der bemalten Kuppel stehen die Betten.

Auf eine weitere Beschreibung will ich verzichten. Man muß es gesehen, ja, erlebt haben. Doch eine der Hauptattraktionen vom SPANISCHEN HOF sollte ich vielleicht erwähnen.

Als wir vor 23 Jahren unser Haus in Teneriffa bauten, sah meine Frau in einer französischen Illustrierten den „Kackstuhl Dagobert". Ein hiesiger Künstler entwarf nach diesem Vorbild einen goldenen Thron. Was an dem Ding nicht golden glänzt, ist aus rotem Samt. Seit fast einem Vierteljahrhundert steht er zum Entzücken unserer Besucher im Gäste-WC. Aber unser Künstler baute noch einen Gag ein: Wenn man sich setzt, tönt von hinten eine sonore Baßstimme: „Rücken Sie bitte etwas weiter nach rechts – hier unten wird gearbeitet." Das hat zur Folge, daß die, die müssen und sich dann setzen, plötzlich nicht mehr können. Da wir in der Nachbildung historischer Möbel Erfahrung haben, stehen zwei dieser Throne in unseren Hochzeitssuiten. Auf das Tonband haben wir allerdings verzichtet.

Im SPANISCHEN HOF finden für unsere Restaurantgäste Führungen statt durch Frau Hillig. Sie ist Gröditzerin, Anfang 50 und zeigt in 20 Minuten mit einer ungeheuren Begeisterung das ganze Haus.

Oh, wüßten manche Unternehmer, wieviel Leistungsbereitschaft, welches Pflichtgefühl von reiferen Mitarbeitern ausgeht, dann würden sie die über 50jährigen nicht abschreiben. Man muß sich nur die Mühe machen, sie dort wirken zu lassen, wo sie sich glücklich fühlen. Eine Hausführung mit Frau Hillig ist ein Erlebnis.

Kapitel 16

Es ist soweit – Hotelpremiere

Nun kam der 1. August 1997 – der Tag der offiziellen Eröffnungsfeier.

Es war ein Freitag, und der liebe Gott meinte es wieder mal gut mit uns. Die Sonne schien. Für 17.00 Uhr waren 300 Personen eingeladen. Mehr konnten wir wegen unserer Küchenkapazität und der Bestuhlung im Hotel auch nicht verkraften.

Unsere Ehrengäste, die im Hotel übernachteten, waren am Nachmittag angereist.

Für die drei Eröffnungstage entsandte das Touristikministerium von Teneriffa kostenlos eine Folkloregruppe von fünf Personen, die musizierten, sangen und tanzten. In den drei Konferenzräumen brachten wir 130 Personen unter, die von einer anderen spanischen Folkloregruppe, die aus Berlin kam, bestens unterhalten wurden.

Es war ein rauschendes Fest.

In meiner Eröffnungsrede bedankte ich mich bei Herrn Lehmann und bei der Arbeitsgemeinschaft Gröditz/Wülknitz, allen Handwerkern und erwähnte, daß ich noch nie einen Bau errichtet habe, bei dem sich die Handwerker derart engagierten und glücklich waren, „ihr Hotel" zu bauen.

Mein Dank galt allen, die sich am SPANISCHEN HOF beteiligt hatten, ganz gleich, in welcher Tätigkeit.

Dann kam ich auf die Firma POLSTER RICHTER zu sprechen. Alle unsere Mitarbeiter im Rheingau waren es, die durch ihre Qualitätsarbeit den Ruf des Unternehmens festigten und das Geld für unser Hotel floß ursächlich aus dem Betrieb, der meinen Namen trägt.

Genau vor 49 Jahren, am 1. August 1948, gründete ich im Rheingau die Firma POLSTER RICHTER.

Zu unserem Festakt brachte ich auch mein erstes Buchhaltungsblatt mit, auf dem ich, wie in alten Hauptbüchern üblich war, die Worte „Mit Gott!“ schrieb.

Ich sprach auch das Mäzenatentum an, das in Amerika eine Selbstverständlichkeit für vermögende Leute ist. Nur bei uns in Deutschland macht man ein so großes Aufhebens, weil es so wenige davon gibt.

Ich wies auch die Zuhörer darauf hin, daß das, was ich hier mache, nur einer tun kann, der sein Unternehmen abgegeben hat.

Wer sich als Mäzen betätigt, solange er noch mit beiden Beinen in seinem Unternehmen steht, handelt grob fahrlässig seinen Mitarbeitern gegenüber, denn er muß sein Geld in seinem Betrieb lassen. Es gibt kein Unternehmen, das den Erfolg für ewig und drei Tage gepachtet hat.

Unternehmer wissen: An jedem Tag muß der Umsatz neu erkämpft werden.

Unsere nun mittlerweile 25 Mitarbeiter machte ich darauf aufmerksam, daß an uns alle ganz außergewöhnliche Anforderungen gestellt werden. Wir verkaufen kein Essen und keine Betten, wir verkaufen eine Erlebniswelt.

Meine große Aufgabe muß die Arbeitsplatzbeschaffung in der Röderstadt Gröditz sein. Als Zugpferd dafür wurde dieses Hotel gebaut. Ein Großer der Hotelbranche hat einmal zu mir gesagt: „Dieses Hotel konnte nur einer bauen, der keine Ahnung hat. Aber einer, der den Gast genau studiert und weiß, worauf es ankommt.“

Die meisten Menschen meinen, sie hätten eine Sache perfekt gemacht und hören bei 80 % auf zu denken. Sie wissen nicht, daß sich die wirklichen Erfolge erst bei den restlichen 20 % einstellen. Herbert von Karajan hat einmal gesagt: „Ich habe die 9. Sinfonie von Beethoven mehr als 500-mal dirigiert. Jetzt in Zürich ist sie mir zum ersten Mal richtig gelungen.“ Sein Erfolg war Perfektionismus!

Am Schluß meiner Rede sagte ich: „Ich glaube, die Kirche macht einen großen Fehler. Sie macht den Menschen zu viel Angst und schenkt ihnen zu wenig Freude.

Wir wollen mit unseren Gästen gemeinsam Sonnenstrahlen sammeln. Ein Leben ohne Fest ist wie eine Reise ohne Gasthaus. Unser Gott ist ein Gasthausgott, der uns beherbergt. Wir feiern, daß Gott uns Freude gibt und uns die Angst nehmen will. Wir alle sind ständige Wanderer und Gast auf dieser Erde.

„Vater unser, der Du bist im Himmel. Segne unseren SPANISCHEN HOF. Segne unsere Mitarbeiter und schenke ihnen Freude an der Arbeit. Segne all unsere Gäste und gib ihnen in unserem Hause Freude und Geborgenheit."

Danach wurde der SPANISCHE HOF vom katholischen Pfarrer gesegnet. So ist es Sitte und Brauch in Spanien, und das wollte ich auch so in Gröditz.

Nach dem feierlichen Zeremoniell begann die große spanische Fiesta. Es war die Einleitung zu einem Spektakel, wie es Gröditz noch nie erlebt hatte.

Das Glockenläuten war für Mitternacht geplant.

Wir mußten das Ganze um eine Stunde vorverlegen, denn die Stimmung eskalierte derart, daß wir nicht wußten, ob wir unsere Gäste um Mitternacht noch in der Verfassung antrafen, das stimmungsvolle Glockengeläut und das Feuerwerk zu genießen.

Die Leitung der großen Show hatte ein Dresdner Veranstalter übernommen, der so etwas wohl nicht zum ersten Mal machte. Es war eine ungeheure Perfektion.

Als dann die Glocken läuteten und anschließend beim Feuerwerk die Feuerwerksmusik erklang, die weit und breit im ganzen Ort zu hören war, waren die Gefühle unterschiedlich. Ich stand mit meiner Frau ein bißchen abseits und dachte immerfort an die ungeheure Gnade, die uns allen durch die Wiedervereinigung zuteil geworden war.

Wer hätte das vor sieben Jahren für möglich gehalten!

Ich war voller Dankbarkeit, daß mir der liebe Gott die Gabe verliehen hat, so etwas inszenieren zu dürfen.

Wieviel Freude und Empfindung konnten diese Gröditzer hier zeigen. Der Landrat des Rheingau-Taunus-Kreises, Herr Frietsch, und seine Frau waren unsere Ehrengäste. Ich sehe diesen fast zwei Meter großen Mann heute noch vor mir, wie er bei dem Glockengeläut und dem Einsetzen des Feuerwerks nach oben schaute und wie ein Kind staunend fragte: „Glocken in einem Hotel – einmalig!“ Man merkte den beiden ihre große Freude, aber auch ihre Ergriffenheit an. Und so ging es allen!

Spät nach Mitternacht klang der Eröffnungsabend aus. Dies alles war aber erst ein spärlicher Anfang, wie sich zeigen sollte.
Zur besonderen Überraschung für uns alle hatten sich die Gewerbetreibenden der Stadt Gröditz etwas Besonderes einfallen lassen. Sie hatten die Bevölkerung aufgefordert, ihre Häuser und die öffentlichen Gebäude aus Anlaß der Eröffnung „ihres Hotels“ festlich zu schmücken. So wurde das neue Wahrzeichen von der Gröditzer Bevölkerung begrüßt.

Am Samstag morgen früh um acht Uhr begannen die Schausteller, den gesamten Parkplatz einschließlich der Einfahrt links und rechts mit Buden und Attraktionen zu bestellen. Wir hatten den Vorteil, daß wir die Massen für den nächsten Tag auf die umliegenden Parkplätze des großen Supermarktes von Herrn Braun leiten konnten. Die Schulkinder machten sich eine Freude daraus, den Lotsendienst zu übernehmen. Wir sperrten das gesamte Hotel für den normalen Publikumsverkehr ab, denn wir konnten ja die Massen gar nicht verpflegen.

Zu diesem Zweck wurde das Ganze nach draußen verlagert, und alle Schausteller machten hier ihr Geschäft. Meine Frau und ich gingen dem Rummel bewußt aus dem Weg. Wir hatten einen Bus gechartert, der unsere Ehrengäste an der Elbe entlang bis Meißen und dann weiter nach Dresden brachte. Als wir gegen fünf Uhr zurückkamen, sahen wir nur noch Menschen, Menschen und nochmals Menschen.

Es fanden laufend Führungen durch das Hotel statt. Darin hatten wir nun schon eine gewisse Erfahrung.

Unsere Besucher kamen aus dem Staunen nicht heraus. Sie kamen aus allen sächsischen Großstädten, selbst aus Berlin. Schließlich hatten wir ja die Werbetrommel vorher kräftig gerührt. Wer an diesen zwei Tagen in Gröditz war, wird diese spanische Fiesta nie vergessen.

Die Presse schrieb von mehr als 10.000 Personen, die Samstag und Sonntag nach Gröditz kamen. Es war unbeschreiblich.

Natürlich gab es abends kein verkürztes Programm. Mit dem Glockenläuten und dem Feuerwerk hatten wir ja nun vom Vortag Erfahrungen. Auch das fand wieder um 23.00 Uhr statt.

Aus einer handgeschmiedeten 1,20 m Durchmesser großen Paëllapfanne verkaufte unser Küchenchef Herr Tulius die Portionen. Aber jetzt passierte eine große Panne, mit der wohl keiner gerechnet hatte: Unser Rotwein reichte nicht. Es konnte doch kein Mensch annehmen, daß die Sachsen als gewohnte Biertrinker sich bei einem solchen Anlaß alle auf Rotwein stürzen. Die Stimmung war so ausgelassen, daß uns das niemand übelnahm und dann alle auf Bier umstiegen.

Am zweiten Abend beim Glockengeläut und Feuerwerk, das manchem Zuschauer noch schöner vorkam, standen Ertels und wir beieinander.

Ich weiß nicht, ob in diesem Zeitpunkt bei Herrn Ertel oder bei mir der Gedanke geboren wurde: Dieses Fest müssen wir zum einjährigen Geburtstag des SPANISCHEN HOFES wiederholen.

An diesem Abend stellte ich mir die Frage: Was hast du hier angerichtet?

Der größte Augenblick an diesem Abend aber kam so um die zehnte Stunde: Zwei Männer im Alter von etwa 60 Jahren hatten mich binnen einer halben Stunde nacheinander ganz für sich allein herausgefischt, faßten mich hinten an der Röder, wo es ein bißchen ruhiger war, bei beiden Händen und sagten: „Herr Richter, ich möchte mich persönlich bei Ihnen für Gröditz bedanken.“ Ihnen standen Tränen in den Augen. Für mich aber war dieser bewegende Moment wohl das stärkste Erlebnis während der ganzen Eröffnungsfeierlichkeit. Ich spürte, wie glücklich diese Menschen waren. Und es ist ja gerade mein Anliegen, daß sich alle Gröditzer bei uns im Hotel wohlfühlen sollen.

Als ich vor drei Wochen in einer ARD-Sendung mit Pfarrer Fliege über meine Aktivitäten in meiner Geburtsstadt Gröditz befragt wurde, erzählte ich als größtes Erlebnis diese Geschichte.

Nach dem Eröffnungsrummel kehrte Normalität ein. Die Zimmerbelegung war sofort höher als unsere Erwartungen. Im Restaurant aber machten wir den doppelten Umsatz wie geplant. Das hatte zur Folge, daß wir Personal einstellen mußten. Im Handumdrehen hatten wir 30 Mitarbeiter. Es wurde nur Personal aus der näheren Umgebung genommen. Unsere jungen Mitarbeiter bringen in ihren kanarischen Volkstrachten ein weiteres starkes spanisches Element in unser Hotel. Obwohl fast alle aus dem hiesigen Raum kommen, galten wir für die Gröditzer Bevölkerung von vornherein als „Westbetrieb“. Das Geld kam aus dem Westen. Der Hoteldirektor stammte von drüben und brachte sich seinen Restaurantchef gleich mit. Auch der Küchenchef kommt aus der Eifel.

Diese Unterscheidung zwischen ost- und westdeutsch paßt mir gar nicht. Ich weiß, ich kann sie nicht ändern. Aber wir sollten uns endlich daran gewöhnen, daß wir ein einzig Vaterland sind. Ich weigere mich einfach, diese beiden dummen Abkürzungsworte, wie man die Westdeutschen von den Ostdeutschen unterscheidet, in den Mund zu nehmen. Für mich sind alle Deutsche.

Aufgrund unserer westlichen Führungsstruktur werden wir von der Gröditzer Bevölkerung mit besonders harten Maßstäben gemessen. Damit müssen wir uns abfinden. Gleichzeitig ist es eine ganz besondere Herausforderung an Herrn Ertel und all seine Mitarbeiter, besser zu sein als die ortsansässigen Betriebe.

Nachdem der SPANISCHE HOF gleich nach der Eröffnung so gut weiterlief, fragten wir uns, kommen jetzt erst einmal alle Neugierigen oder bleibt das so?

Es blieb so.

Ich habe Wochen benötigt, um das alles so zu begreifen. Nach drei Monaten sprach in Gröditz kein Mensch mehr davon, daß das Hotel vielleicht später einmal ein Altersheim wird.

Heute ist der SPANISCHE HOF eine Institution geworden.

Unsere Erfolgsgründe sind:

1. In dem abgelegenen Gröditz erwartet kein Mensch ein solches Hotel. Die andere Welt beginnt mit dem großen spanischen Eingangsbogen und der fremdartigen maurisch-kanarischen Fassade.

2. Das Erstaunen steigert sich, wenn man die Hotelhalle betritt und die einzelnen Räume mit ihren interessanten Details besichtigt.

3. Unser freundliches Personal fällt jedem Gast sofort auf. Diese außergewöhnlich nette und höfliche Art hat man weit und breit noch nicht erlebt. Dabei ist es so einfach – zu lächeln.

4. Der SPANISCHE HOF strahlt Wärme und Geborgenheit aus. Herr Leicht, der Vater von Frau Ertel, bringt es auf den Punkt: „Man kommt nach Hause.“ Kürzer geht's nicht.

5. Unsere niedrigen Preise werden von der Ortsbevölkerung als eine Selbstverständlichkeit betrachtet. Fremde und ganz beson-

ders vielgereiste Hotelgäste wissen unser niedriges Preisniveau sehr zu schätzen. Nicht wenige haben mich schon gefragt, wie lange wir das wohl durchhalten. Das Rezept ist einfach. Wir müssen weder Zinsen noch Tilgung zahlen. Wir haben keine Gewinnabsicht, sondern wollen Arbeitsplätze schaffen. Das ist unser Hauptanliegen. Ein Viersterne-Hotel zum Zweisterne-Preis.

Das größte Kompliment macht mir die Bevölkerung von Gröditz und Umgebung: Sie mobilisieren nämlich ihren gesamten westlichen Verwandten- und Bekanntenkreis und lotsen ihn nach Gröditz. „Ihr müßt uns mal besuchen. Bei uns in Gröditz gibt es ein Hotel, so was gibt's bei Euch im Westen nicht. Unser SPANISCHER HOF ist einzigartig."

Mit einer solchen Äußerung dokumentiert doch die hiesige Bevölkerung, daß sie zu ihrem alten Selbstbewußtsein zurückgefunden hat. „Wir haben was, was Ihr im Westen nicht habt." Die fleißigen Sachsen sind wieder auf dem Vormarsch.

Für die Gröditzer gibt es wieder eine blühende Landschaft. Hier ist eben aller Anfang schwer. Es liegt aber auch an der Grundhaltung jedes Einzelnen. Der eine sieht den Fortschritt und freut sich daran. Der andere bejammert alles und meckert überall herum. Diese unterschiedlichen Typen hat es zu allen Zeiten und überall gegeben.

Kapitel 17

Reklamationen

Vier Wochen nach Hoteleröffnung hatten wir einen Wasserschaden. In einem Badezimmer tropfte es von der Decke. Sofort wurde der Gröditzer Installateur gerufen und stellte fest, daß ein Drei-Wege-Stück der Wasserleitung undicht geworden war. Drei Tage später der gleiche Schaden. Er war in seiner negativen Auswirkung viel größer, da das Wasser unsere Brandmeldeanlage und damit die Sirene auslöste. Feueralarm!

Diese Drei-Wege-Stücke kamen von einem renommierten Fabrikanten aus Westdeutschland. Nachdem am nächsten Tag ein drittes Verteilungsstück defekt wurde, schlugen wir Großalarm. Der westdeutsche Fabrikant erschien und verpflichtete sich, nachdem er den Schaden gesehen hatte, sämtliche rund 400 Verteilungsstücke auf seine Kosten auszutauschen. Unser Vertragspartner war der Gröditzer Handwerksmeister, dem die Reklamation verständlicherweise höchst peinlich war.

Wie ein Lauffeuer trugen die „Buschtrommeln" die negative Kunde ins benachbarte Riesa zur Sächsischen Zeitung. Als ich in einer anderen Sache die mir bekannte Redakteurin anrief, sagte sie mir, daß es dem SPANISCHEN HOF wohl so gut gehe, daß wir im Restaurant Schwierigkeiten haben. Zu lange Wartezeiten. Ich bestätigte das und entschuldigte mich wegen des großen Andrangs.

„Dieses Problem haben wir aber behoben."

Zeitungsmenschen sind neugierige Leute. „Bei Ihnen läuft ja aber auch das Wasser durch die Decke." Ausführlich erklärte ich der jungen Dame die Details. Sie fragte sofort: „Ist der Lieferant aus West- oder aus Ostdeutschland?" Als ich Westdeutschland sagte, atmete sie erleichtert auf: „Gott sei Dank – kein Ostdeutscher." Wie lange wird es wohl noch dauern, bis diese unberechtigten Minderwertigkeitsgefühle in den neuen Ländern abgebaut sind.

Es kam der Herbst, und die Vereine hielten ihre Generalversammlungen im SPANISCHEN HOF ab. In der Zwischenzeit hatten sie sich mit ihren Trophäen in den Vitrinen des Vereinszimmers bereits häuslich eingerichtet. Sie genossen es, in den SPANISCHEN HOF zu kommen.

Gleich nach der Eröffnung hatte ich die Vorstände mit ihren Stellvertretern zu uns gebeten und ihnen das Angebot unterbreitet, daß der SPANISCHE HOF pro Verein jährlich 2.500 DM für ein Festessen bereitstellt. Wenn ein Verein diesen Betrag nicht ganz benötigt, wäre ich auch bereit, 500 DM für eine dringend benötigte Ausgabe in bar abzuzweigen und auszuzahlen. Ansonsten wollte ich schon, daß das Geld im SPANISCHEN HOF verzehrt würde.

Einige Vereinsvorstände schickten mir nach Teneriffa Weihnachtsgrüße und bedankten sich für den gelungen Abend und für den Festschmaus.

Freilich gab es einige Pannen. Nur eine kam mir nicht nur zu Gehör, sondern in Form eines Briefes auch zu Gesicht.

Es ist ja nicht ganz leicht, wenn man eingeladen ist, zu reklamieren. Ich habe mir schon ein bißchen überlegt, ob ich diesen Fall schildern soll oder nicht. Dann habe ich mir aber gesagt, die Leser meines Buches kennen mich als einen sehr offen schreibenden Menschen, warum soll ich diese Geschichte nicht erzählen? Sie ist ja auch von der menschlichen Seite allzu verständlich.

Insider wissen längst, daß, wenn man abends in den SPANISCHEN HOF gehen will, man sich klugerweise anmeldet. Mir war und ist es noch immer peinlich, wenn Leute, fein angezogen, zu viert vorfahren und dann erfahren müssen, daß wir sie leider nicht aufnehmen können. Oft sind alle unsere Restaurants ausgebucht. Hinzu kommt, bei uns ist es so gemütlich – die Gäste bleiben sitzen.

Ich habe es auch erst lernen müssen, aber wer aus der Branche kommt, weiß, daß in einem Restaurantbetrieb die Anzahl der Besucher vorher immer eine unbekannte Größe ist. Entschuldigend für den SPANISCHEN HOF möchte ich einmal annehmen, daß der Tag, an dem die unangenehme Reklamation mit dem Verein passierte, ein volles Haus hatte.

Schon in meiner Eröffnungsrede sagte ich, in einem halben Jahr wissen wir, was wir falsch gemacht haben. Wir vergaßen nämlich, im Vereinszimmer einen Klingelknopf anzubringen, bei dessen Drücken in der Küche eine große rote Birne aufleuchtet. So wie im Flugzeug.

Der Vorstandsvorsitzende eines Vereins schickte mir zwar frohe Weihnachtsgrüße, aber beschwerte sich bitterlich über die schlechte Bedienung im SPANISCHEN HOF anläßlich des Festessens. Das Essen war zu wenig und die Bedienung miserabel. Diese Reklamationen seien nicht neu, denn aus seinem Bekanntenkreis wüßte er, daß es Damen gegeben habe, die so schlecht bedient wurden, daß sie sagten: „Einmal SPANISCHER HOF – nie mehr SPANISCHER HOF".

Herr Ertel bekam einen ähnlichen Brief.
Der Brief an mich war zur besseren Glaubwürdigkeit und auch zur Untermauerung von 14 Vereinsmitgliedern unterschrieben. Herr Ertel ging der Angelegenheit nach. Das Ergebnis war psychologisch hoch interessant.

Vorab möchte ich schon sagen, daß ich dem Vorstandsvorsitzenden im Nachhinein sehr dankbar sein muß für seinen Reklamationsbrief, denn wir gelangten zu einer hochinteressanten Erkenntnis:

Unsere Mitarbeiter sind – bei aller Freundlichkeit – eben auch nur Menschen.
Der zahlende Gast gibt Trinkgeld, der eingeladene nicht. Das war's eigentlich schon. Aus diesem Fall zogen wir sofort unsere Lehren und leiteten daraus Maßnahmen ab. Erkenntnissen müssen Maßnahmen folgen. Alles können wir uns leisten, aber keine Reklamationen.

Herr Ertel rief die Mitarbeiter zusammen und erklärte ihnen, daß Gäste, die auf persönliche Einladung von Siegfried Richter den SPANISCHEN HOF betreten, zu allermindest mit der gleichen Höflichkeit und Liebenswürdigkeit zu bedienen sind wie jeder andere zahlende Gast. Man sollte sich doch mal überlegen, wie sich unsere Mitarbeiter verhielten, wenn ich dabeisäße.

Wir hoffen, daß sich ein solcher Fall nicht noch einmal wiederholt.

Jener Vorstandsvorsitzende des reklamierenden Vereins ist gleichzeitig aber auch Vorstandsvorsitzender eines anderen Vereins. Für diesen anderen Verein disponierte er bei Herrn Ertel Termine für das Jahr 1998. Herr Ertel bestätigte ihm die Jahresplanung und gab seiner Freude Ausdruck, daß der zweite Verein an den SPANISCHEN HOF zum Glück nicht so hohe Anforderungen stellte wie der erste, der reklamierende Verein.

Es wird also in der qualitativen Vorstellung bei Gröditzer Vereinen mit unterschiedlichem Maßstab gemessen. Gott lob!

Mich hat diese Reklamation lange und nachhaltig beschäftigt. War es nicht herrlich, daß ich auch das im hohen Alter noch lernen durfte?

Ich versuche mir vorzustellen, wie jener Vorstandsvorsitzende vor zehn Jahren an einer Restauranttür stand und der Kellner in barschem Ton zu ihm sagte: „Warten Sie hier, bis Sie eingewiesen werden!“

Gott sei Dank haben sich diese Zeiten geändert. Mit ihr ändern sich die Menschen, die zu leicht vergessen.

Kapitel 18

„Schweinerei“ aus Hirschfeld

Viele Unternehmer aus der früheren DDR gingen vor dem Mauerbau in den Westen. Manchen gelang es auch nach 1961 noch. Aber es gab auch Menschen, die drüben blieben, die ihre alte Scholle verteidigten. Zu denen gehört auch der Bauer Werner Graf aus Hirschfeld von dem benachbarten Elbe-Elster-Kreis.

Es ist Gründonnerstag 1997. Das Telefon klingelt in Santa Ursula. „Hier ist Graf aus Hirschfeld. Ich habe den Bericht in der Bildzeitung über Sie und Ihr Hotel SPANISCHER HOF gelesen und habe mir das sofort angesehen. Das wird ja eine tolle Sache. Ich würde gern mit meiner Frau zur Eröffnung kommen. Wir bringen Ihnen ein Spanferkel mit. Seit einer Woche sind wir im Stadtteil La Paz von Puerto de la Cruz, da haben wir eine Wohnung.“

Das muß ein verrückter Vogel sein, dachte ich. Wer so selbstbewußt auftritt, ist bestimmt ein außergewöhnlicher Mensch. Ich machte den Vorschlag, ihn am nächsten Morgen in La Paz abzuholen. (Man sollte sich doch vorher kennenlernen). Herr Graf: „Das brauchen Sie nicht, ich komme mit der Taxe nach oben, denn ich kenne Ihr Haus von außen und habe Ihre Anschrift aus dem Telefonbuch.“

Munter, munter, dachte ich. Wir vereinbarten einen Termin für Karfreitag um elf Uhr bei uns.

Pünktlich erschien Werner Graf (57) mit seiner ca. 25 Jahre jüngeren Frau. Ein mittelgroßer, strahlender Mann, dem Dynamik und Lebensfreude aus jedem Knopfloch leuchteten. Eben ein richtiger gesunder Bauer.

Er erinnerte mich ein bißchen an meinen Onkel Robert aus Weida bei Riesa, der 16 Pferde und eine eigene Schmiede hatte. Zur damaligen Zeit also ein sehr großer Bauer.

Schon bei der Begrüßung mit den Grafs merkte man die gegenseitige Sympathie.
Mit einer Flasche Sekt begann das Gespräch draußen auf unserer Terrasse. Von hier hat man einen herrlichen Blick auf das Meer, auf Puerto de la Cruz und auf das Orotavatal mit dem Teide. Die Grafs fühlten sich sofort bei uns zuhause. Es entwickelte sich ein intensives Gespräch. Nach dem Sekt gingen wir zu Rheingauer Riesling über.

Wie die meisten erfolgreichen Menschen waren auch unsere Gäste keine Geheimniskrämer und erzählten uns ihren ganzen Lebenslauf. Daß sie früher schon die größten Bauern im Ort waren, und durch Heirat kam noch ein ebenso großes Gut aus Elsterwerda dazu. Über 1.600 Hektar wurden jetzt bewirtschaftet. Es gab 2.000 Milchkühe, und ansonsten wurde alles Mögliche, was der liebe Herrgott wachsen ließ, angebaut und weiterverarbeitet. Seinen eigenen Betrieb hatte er von der Treuhand zurückgekauft. Zur Zeit produziere er jährlich 6.000 Schlachtschweine, aber dieser Betrieb sei erst im Aufbau.

Natürlich waren mir so tatendurstige Menschen auf den Leib geschneidert. Wir kamen vom Hundertsten ins Tausendste.

Ansonsten halten wir es so, daß wir mit unerwarteten Gästen zum Mittagessen gehen. Unsere Gespräche waren aber so intensiv, daß wir das Haus gar nicht verlassen wollten. Meine Frau ging in die Küche und produzierte aus den Resten der letzten drei Tage einen vorzüglichen Eintopf.

Nach fünfeinhalb Stunden brachten wir die Grafs runter nach La Paz, trafen dort ihre beiden quietschvergnügten Kinder und sahen die schöne Wohnung.

Nach Deutschland zurückgekehrt hatte sich Herr Graf mit Herrn Ertel und auch mit unserem Küchenchef in Verbindung gesetzt, denn pünktlich drei Tage vor Hoteleröffnung machten wir eine Baustellenparty mit etwa 200 Handwerkern. Unsere Küche hatte ein Schwein von etwa einem Meter Länge gebraten. Das Schwein, das

Herr Graf mitbrachte, war noch größer. Beide wurden ratzeputz aufgegessen.

Weihnachten erreichte mich ein Anruf von den Grafs aus Hirschfeld. Er berichtete mir, daß er am Tag vor Heiligabend die modernste Schweinezuchtanlage Europas eingeweiht hatte. Auf meine Frage, wieviel Mitarbeiter dort beschäftigt werden, sagte er: „Kein einziger. Alles läuft per Computer. Drei Futtersilos sorgen für eine einwandfreie, nach neuesten Zuchterkentnissen festgelegte Fütterung der Schweine, die alle acht Stunden vollautomatisch erfolgt. Nur der Schweinemeister schaut jeden Tag mal aus Kontrollgründen herein. Notsignalknöpfe, wenn es eine Störung gibt, sind in unserer Wohnung." Im Sommer dieses Jahres sahen wir das computergesteuerte technische Wunderwerk und waren fasziniert. Heute produziert Bauer Graf pro Jahr 15.000 Schweine. Nachdem wir auch die Rinderzucht und die Milchkühe sowie die Felder besichtigt hatten, fragte ich die Grafs: „Und wieviel Leute beschäftigen Sie insgesamt?" Herr Graf: „Heute produzieren wir mit 100 Personen mehr als zu DDR-Zeiten mit 400."

So schlimm es für die Arbeitslosen ist – für mich grenzt es heute noch an ein Wunder, wie es möglich war, eine Planwirtschaft innerhalb von so kurzer Zeit in eine freie Marktwirtschaft umzufunktionieren. Sind das etwa keine blühenden Landschaften?

Ich teile das gedankenlose Nachplappern im Geschimpfe auf die Treuhand nicht.

Wenn man aus dem Nichts heraus – ohne jeglichen Erfahrungshintergrund – eine Organisation mit 5.000 bis 8.000 Mitarbeitern aus dem Boden stampfen muß, dann gibt es zwangsläufig Fehlbesetzungen. Und auch Halunken.

Sollten Süd- und Nordkorea einmal wiedervereint werden, dann können die wenigstens sagen: „Fragt mal in Deutschland nach, wie die es gemacht haben."

Am Beispiel dieses landwirtschftlichen Betriebes mag man erkennen, warum wir in den neuen Bundesländern heute 20 % Arbeitslose haben.

Hätte vor zehn Jahren einer den Mut gehabt, den Mitarbeitern dieser Landwirtschaftlichen Produktionsgenossenschaft (LPG) zu sagen, daß von den 400 Beschäftigten in Wirklichkeit 300 zu viel sind, hätte man ihn für verrückt erklärt.

In Westdeutschland arbeiten 47 % der verheirateten Frauen. Im Osten waren zu DDR-Zeiten 98 % der Frauen beschäftigt. Das drückt natürlich die Arbeitslosenquote im Osten heute hoch. Warum spricht darüber keiner? Das ist doch so plausibel!

Die Kontakte zwischen den Grafs und dem SPANISCHEN HOF sind eng geworden. Als wir im Sommer in Gröditz waren, kam Herr Graf vorbei und brachte einen großen Eimer herrlich reifer süßer Kirschen. Wir haben kurz davon probiert, auf den Rest freute sich unser Küchenchef, Herr Tullius.

Ein andermal kam er mit einer ganzen Obststeige voll großer Zwiebeln. So große Zwiebeln hatte ich in meinem Leben noch nicht gesehen. Schallend lachte er, als ich ihm das Beispiel von den größten Kartoffeln mit den dümmsten Bauern erzählen wollte. „Die sind nicht von mir, die habe ich aus Holland, und die Holländer haben sie in Ägypten gekauft.“ Ein ungeheuer intelligenter Mann, dieser Bauer Graf, dachte ich.

Dieses Beispiel – Werner Graf – habe ich erzählt, um zu zeigen, daß hier eine neue clevere Unternehmergeneration herangewachsen ist. Sonst wäre die Arbeitslosigkeit noch größer. Gleichzeitig liefere ich die Begründung für die hohe Frauenarbeitslosigkeit in den neuen Ländern. Dies ist der Preis unseres hohen Rationalisierungseffektes in vielen Ländern Europas. Trotz hoher Arbeitslosigkeit ist der Lebensstandard höher als früher.

Kapitel 19

Jugend nach Amerika

Will man die Arbeitslosigkeit beseitigen, muß man bei der Jugend anfangen. Die meisten Unzufriedenen haben eine Gemeinsamkeit. Sie sind erfolglos. Einige Arbeitslose sind leistungsschwach. Und um dagegen anzugehen muß man in der Schulzeit beginnen.

Ulrike und Christoph, die Nichte und der Neffe meiner Frau gingen mit 16 Jahren ein Schuljahr nach Amerika. Unentgeltlich wurden sie von den amerikanischen Gasteltern aufgenommen. Man zahlt für die Flugreise, die Versicherung, für die Bemühungen des Veranstalters und für ein Vermittlungsbüro, das die Gasteltern sucht, insgesamt 10.000 DM.

Beide konnten anschließend in Deutschland problemlos das nächsthöhere Schuljahr absolvieren und hatten außerdem schon den Führerschein in der Tasche.

Unsere Nichte und unser Neffe haben hervorragende Erfahrungen gemacht. Sie sind ganz andere, leistungsbewußtere und tolerantere Menschen geworden.

Mit diesem Wissen kamen meine Frau und ich überein, daß wir vom SPANISCHEN HOF aus, jährlich sechs Jugendliche mit einem Stipendium nach Amerika schicken.

Wenn es sich für den Leser vielleicht auch nicht so darstellt, so gehören wir zwar zu den Wohlhabenden, aber nicht zu den wirklich Reichen.

Wir suchen ständig danach, unser Geld im Rahmen unserer finanziellen Möglichkeiten erfolgbringend zur Beseitigung der Arbeitslosigkeit einzusetzen. Die hier im Raume stehende Summe ist so überschaubar, daß meine Frau nach meinem Tode diese Aktion – sofern sie das möchte – weiterführen kann.

Bei unserem ersten Besuch vor zwei Jahren in Grossenhain sagten wir das dem Landrat. Wir warteten nun auf eine Reaktion. Allein vom Landrat hörten wir nichts. Als ich ihn im SPANISCHEN HOF dann im letzten Jahr noch einmal darauf ansprach, sagte er, daß er geglaubt habe, er bekäme noch ausführliches schriftliches Material. Mit dem gewitzten Werner Graf aus Hirschfeld wäre uns das nicht passiert.

Wir schritten also selbst zur Tat und setzten uns mit den zuständigen Behörden unseres Kreises und des benachbarten Elbe-Elster-Kreis in Verbindung und boten jeweils drei Stipendien-Plätze an. Auch hier fragten wir uns nach relativ kurzer Zeit, ob die pfiffigen Sachsen wirklich noch so pfiffig sind oder ob die flinkeren Leute nicht neuerdings im Nachbarkreis anzutreffen sind. Der Nachbarkreis Elbe-Elster reagierte sofort, und im Handumdrehen waren vier Ausbildungsplätze vergeben.

Wir reklamierten erneut bei unserem Kreis Riesa-Großenhain und erfuhren, daß man bei der Dresdner Schulbehörde auch erst noch weiteres Informationsmaterial von uns erwartete. Das hatte zur Folge, daß bei der ersten Zuteilung aus unserem eigenen Landkreis nur zwei Stipendiaten reisen konnten.

Wir baten die Rektoren, die Eltern und die Jugendlichen in den SPANISCHEN HOF und meine Frau stellte das gesamte Programm vor. In der Zwischenzeit sind die sechs jungen Leute in den Vereinigten Staaten bei ihren Gasteltern eingetroffen und haben ihr dortiges Schuljahr begonnen. Alle schreiben sie begeisterte Briefe aus der neuen Welt.

Auch hier hat meine Frau sehr viel Arbeit um das alles ins rechte Gleis zu bringen. Bei keiner unserer Aktionen ist es einfach so, daß wir Geld mit der Gießkanne verteilen. Wir kümmern uns selbst darum, daß alles klappt und die richtige Verwendung findet.

„Jugend nach Amerika“ ist eine Aktion mit langfristiger Wirkung. Vielleicht wird sie eines Tages die bedeutendste aller meiner Maßnahmen in Gröditz sein.

Mit den Augen eines nunmehr 76jährigen sieht man die Welt anders. Man sieht vieles langfristiger. Wie schnell 50 Jahre vergehen, sehe ich an mir selbst.

Vor unserer Grenze liegt ein Markt des Ostens von 450 Millionen Menschen. Welch ein riesiges Potential! Welche ungeheueren Möglichkeiten! Und wir in Gröditz liegen direkt davor. Diese Menschenmassen bekommen täglich durch's Fernsehen einen Einblick ins westliche Leben wie früher die DDR nach Westdeutschland. Das Einkommen kann noch so gering sein, Fernsehen haben alle. Es wird Jahre, ja Jahrzehnte dauern, bis der Osten auf breiter Basis annähernd unseren Lebensstandard erreicht. Aber er kommt. Das ist so sicher wie das Amen in der Kirche.

Und für diesen Markt benötigen wir Unternehmer. Menschen, die positiv in die Zukunft schauen. Die mit Freuden bereit sind, den Achtstundentag gegen einen Zwölfstundentag einzutauschen. Die den Mut zu eigenem finanziellen Risiko nicht scheuen. Die wissen, daß Wohlstand nicht vom Himmel fällt, sondern hart erarbeitet werden muß! Aber diese Unternehmer der globalen Märkte müssen sich heute anders vorbereiten als früher. In rasanten Sprüngen hat sich unsere Welt seit der Erfindung der Dampfmaschine von der Agrargesellschaft über die Industriegesellschaft zur Informationsgesellschaft entwickelt. In der Zukunft zählt das, was einer vermag, was einer kann! Nicht, was einer besitzt! Vor dem Geldvermögen wird das Know-how-Vermögen stehen. Die früher vermögenden Rittergutsbesitzer wurden von den Fabrikbesitzern verdrängt. In der Informationsgesellschaft wird der oben sein, der viel kann. Der viel gesehen hat. Der viel weiß. Ganz besonders in dem Hochlohnland Deutschland werden wir mit den Produkten im internationalen Wettbewerb am erfolgreichsten sein, die andere (noch) nicht machen können. Nicht grundlos verzeichnet der deutsche Maschinenbau in 1998 ein Umsatzplus von 15 %!

Die Schulausbildung ist heute das A & O. Die Erziehung zur Leistungsbereitschaft und zur Anpassungsfähigkeit an die Anforderungen des jeweiligen Arbeitsmarktes ist unabdingbar. In einer Welt, in der man mit der Concorde von Paris nach New York in dreieinhalb Stunden fliegt, benötigt man Auslandserfahrung.

Im festen Glauben an die zukünftigen Märkte im Osten, die wir Sachsen und Brandenburger uns erarbeiten können, und aus der Freude, über die begeisterten Briefe unserer sechs Amerikaschüler haben wir uns im SPANISCHEN HOF entschlossen, ab 1999 die Zahl der Stipendiaten auf jährlich zwanzig zu erhöhen.

Ich hoffe, daß viele Eltern aus unseren beiden Landkreisen mein Buch lesen, und ich möchte es den Amerikaschülern zur Pflichtlektüre machen. Einen Multiplikationseffekt verspreche ich mir davon, daß begüterte Eltern die dringende Notwendigkeit eines Auslandsschuljahres für ihr Kind erkennen und die Hilfe des SPANISCHEN HOFES nicht in Anspruch nehmen, um den Platz freizuhalten, für Kinder weniger begüterter Eltern. Auch Großeltern sei dieses Denken an ihre Enkel empfohlen.

Jeder Jugendliche, der den schulischen Anforderungen entspricht und auch psychisch stabil genug ist, sollte ein Schuljahr im Ausland verbringen. Etwas Besseres kann man seinem Kind nicht mit auf den Lebensweg geben.

Einen weiteren Vervielfältigungsfaktor versprechen wir uns von den Schülern selbst. Wenn sie wieder in Deutschland sind, sollen sie in ihren Schulen, aber auch im SPANISCHEN HOF Erlebnisberichte und Vorträge halten. Gerade diese Jahre sind so prägend für junge Menschen, daß ich mir denken könnte, daß unser Hotel einmal zum „Mutterhaus“ für sie wird. Vielleicht gibt es im SPANISCHEN HOF jährliche Treffen für ehemalige Stipendiaten. Es interessiert doch, welche Entwicklung die jungen Menschen nach ihrem Abitur nehmen.

Die Amerikaner sind reisefreudig. Die Gasteltern werden in Germany bei ihren „Leihkindern“ Gegenbesuche machen. Auch das fördert den Bekanntheitsgrad unserer Region, verbindet die Völker und regt den Fremdenverkehr an.

Warum stehe ich nun so auf Amerika? Weil die USA-Bürger weltoffen und handfest sind. Dort blüht und wächst das Leben der

Selbständigen; der freien Unternehmer. Auch heute noch ist Amerika das Land der unbegrenzten Möglichkeiten. In den USA gilt der Unternehmer nicht als Ausbeuter, sondern ist in breiten Bevölkerungskreisen hoch angesehen. Dort gilt: „Selbst ist der Mann." Die vielen Nebenjobs der Amerikaner in allen erdenklichen Dienstleistungsbereichen sind doch der beste Beweis dafür, daß keiner auf die Hilfe des Staates hofft.

Wer sich was leisten will, muß was leisten!

Und dann die Freundlichkeit. Ich weiß, daß das lächelnde „how are you?" gespielt ist. Aber ist es nicht besser, in ein strahlendes Gesicht zu schauen als in ein gleichgültiges oder gar mürrisches?

Ein deutscher Schauspieler über die Amerikaner: „Mir ist eine oberflächliche Höflichkeit lieber, als eine ehrliche Unhöflichkeit."

Doch nun ein paar Worte zu unserem eigenen Personal.
Per Ende November 1998 beschäftigen wir im SPANISCHEN HOF 40 Mitarbeiter. 14 davon sind Ausbildungsplätze. Wir haben uns zum Ziele gesetzt, diesen jungen Menschen eine hervorragende Ausbildung angedeihen zu lassen. Sie sollen bei uns zu selbstbewußten und lebenstüchtigen Mitarbeitern erzogen werden. Jeder unserer Auszubildenden trägt sein deutlich sichtbares Namensschild, unter dem steht: Ich lerne hier. Wir erwarten: Gute Zeugnisse, Freundlichkeit, tadellose Manieren und überdurchschnittliche Leistungsbereitschaft.

Kapitel 20

Der Amtsschimmel wiehert

Das Hotel ist fertig. Es läuft sehr zufriedenstellend. Nun – herbei mit neuen Unternehmen!

In der Zwischenzeit hatten wir längst gemerkt, wie schwer es ist, Investoren nach Gröditz zu bringen. Gewerbegebiete gab es im Nachbarkreis in Elsterwerda noch und noch. Sie waren im Laufe der Jahre einigermaßen besetzt worden, aber auch dort waren noch freie Flecken. In Gröditz gibt es drei Gewerbegebiete.

1. Die freien Flächen, die durch den Abriß der Zellstoffabrik entstanden waren.
2. Die Flächen, die im Stahlwerk durch die enorme Verringerung frei wurden.
3. Das neue Gebiet auf der grünen Wiese in der Richtung nach Riesa.

Schreiben an Industrie- und Handelskammern und an Handwerkskammern 1994 in der gesamten Bundesrepublik brachte überhaupt keinen Erfolg. Prospekte und Porto waren für die Katz.

Was hatten fremde Städte für eine Veranlassung, für Gröditz die Werbetrommel zu rühren? Sie hatten ihre eigenen Probleme. Es mußte also ein ganz besonderer Aufhänger her, der fremden Investoren die Sache in Gröditz schmackhaft machte. Die Erschließungskosten für Produktions- und Handwerksbetriebe wurden so stark gefördert, daß letztlich ein Kaufpreis von 15 DM pro qm übrigblieben. Ich führte ausführliche Gespräche mit Bürgermeister Bölke. Nun kam mir die Idee, daß ich die 15 DM pro qm übernehme. Neuen Investoren praktisch das Gelände zum Nulltarif anbiete. Das war ein Knüller!

Ich entwarf einen Text: „Gewerbegelände zum Nulltarif.“ Das Muster wurde gemacht, fotografiert und 80 solcher Tafeln in Auftrag gegeben. Wir hängten sie einfach unter die normale Beschriftung unserer Hotelhinweisschilder.

Die Hotelschilder waren dem Grunde nach das preiswerteste Werbemedium, und sie dokumentierten gleichzeitig dem fremden Investor, hier in Gröditz ist etwas ganz besonderes los. Da gibt es nicht nur Gewerbeflächen umsonst, da gibt es auch ein Hotel, das völlig außergewöhnlich ist. Diese Aktion ging groß durch die Presse.

Das, was wir hier machen, ist das radikalste Mittel, und wenn das nicht zum Erfolg führt, dann weiß ich nicht was noch. Hätten wir unsere Hinweisschilder nicht gehabt, hätten wir bei der Eröffnung des Hotels eine Bauchlandung gemacht. Die Menschen waren von weit her gekommen und wußten nur von der Landkarte her, wo Gröditz lag. So sagte jeder zweite Hotelgast: „Ja, wir haben die schönen Schilder gesehen und waren sehr neugierig auf die Stadt Gröditz und das Hotel!"

Die zusätzlichen Null-Tarif-Schilder konnten die Werbewirksamkeit nur verstärken und damit erhöhen.

In Gröditz gehen die Uhren anders. Seit acht Generationen wurde hier die Bevölkerung in die beiden großen Betriebe hineingeboren. Stahlwerk über 200, Zellstofffabrik über 100 Jahre alt. Man hat hier eine viel stärkere unternehmensbezogene Bindung als anderenorts. Ähnlich wie in Japan. Hier wimmelt es nur so von qualifizierten Fachkräften. Ein ungeheuer interessanter Aspekt für Unternehmer, die sich örtlich neu orientieren. Durch unsere Werbeschilder standen die Ampeln auf grün.

Urplötzlich schneiten uns vom Kreisbauamt und von der Autobahnmeisterei in Dresden Briefe ins Haus. Unsere Schilder seien ohne Genehmigung errichtet worden. Unter Terminandrohung wurden wir aufgefordert, unsere „Werbeanlagen" zu entfernen. An einigen Plätzen hatten wir sie auf alte Pferdewagen montiert, so daß sie im gegebenen Falle fahrbar waren. Alle standen auf privatem Gelände.

Da Herr Ertel mit der Führung des Hotels voll beschäftigt war, nahm ich die ganze Prozedur der Abwehr bei den Behörden auf mich und erledigte sie von Teneriffa aus.

Das Problem mit den Autobahnschildern hatten praktisch alle Hotels. Das mitteldeutsche Fernsehen brachte eigens einen Filmbeitrag, in dem sich etliche Hotels beschwerten, man würde ihnen durch das Verbot der Schilder das Wasser abgraben.

Bundesinnenminister Kanther machte von sich reden, daß unsere Verwaltungen „schlanker" werden müßten. Das war Wasser auf meine Mühle.

Der Leiter der Autobahnmeisterei in Dresden war am Telefon so frech zu mir, daß ich es fast aufgab. Allein meine Hartnäckigkeit und der Hinweis, daß der SPANISCHE HOF ja gemeinnützigen Zwecken dient, brachte ihn einigermaßen zur Räson. Von seinem grundsätzlichen Standpunkt wich er keinen Zentimeter ab.

Mir kam es jetzt darauf an, die Schilder wenigstens zwei Jahre stehen zu lassen. Nachdem nun auch das Kreisbauamt Riesa-Grossenhain immer aktiver gegen uns wurde, gab ich meine Verteidigung der Hinweisschilder an der Autobahn auf. Ein Gegner genügte mir! Der Nachbarkreis Elbe-Elster in Brandenburg erhob keine Einwendungen. Aber nun ausgerechnet der eigene Kreis, für den wir so viel getan hatten, berief sich auf Paragraphen und nochmals auf Paragraphen und Verordnungen. Es war fürchterlich. Brandenburg hü – Sachsen hott!

Notruf an die Vernunft

„Hätte Birgit Breuel, die Chefin der Treuhandanstalt, nicht Gesetz und Verordnung aus Bonn negiert, wäre es nie so schnell zur Privatisierung der maroden Staatsbetriebe in der ehemaligen DDR gekommen." (Zitat: „Die Treuhändler" von Michael Jürgs)

In meinem verzweifelten Bemühen um das Fortbestehen des jungen Pflänzchens SPANISCHER HOF wandte ich mich mit meinem

„Notruf an die Vernunft" an den sächsischen Ministerpräsidenten und an den Landrat des Kreises Riesa-Grossenhain. Ich führte aus, daß unsere Schilder eine Augenweide sind und einen wichtigen Teil einer klar festgelegten Marketing-Strategie darstellen, ohne die der SPANISCHE HOF zumindest während der kommenden drei bis fünf Jahre nicht existieren kann. Zitat aus der Berliner Zeitung: „Welcher Mensch findet denn sonst das Kaff?"

Wir haben für sechzehn Arbeitsplätze im Hotel Fördermittel aus öffentlichen Geldern bekommen und beschäftigen bereits 32 Mitarbeiter. Mit staatlichen Fördermitteln wurden auch die Hinweisschilder erstellt, die den Gast in die entlegene Ecke unseres Kreises führen.

Nun reißen die Behörden mit dem Hintern ein, was sie zuvor mit den Händen, sprich öffentlichen Fördermitteln, aufgebaut haben. Alles auf dem Rücken des Steuerzahlers.

Welche Klimmzüge macht die Wirtschaftsförderung Sachsen ständig im Kampf um neue Arbeitsplätze: Hier jedoch werden in kostenintensiver Akribie Paragraphen bemüht, um unsere notwendigen Schilder zu entfernen, statt nach Möglichkeiten zu suchen, sie zu genehmigen oder schweigend zu dulden.

Unsere Wirtschaft lebt aber nun mal von Unternehmern und nicht von Verhinderern. Man nehme Birgit Breuel zum Beispiel! Wir kämpfen täglich um jeden Arbeitsplatz, aber fordern auch von den Behörden Kreativität, uns zu unterstützen und nicht durch Schildbürgerstreiche gerade im Aufbau befindliche Unternehmen aufs gefährlichste zu blockieren.

Hier herrscht Beamtendenken pur: Es wird verwaltet, nicht gestaltet.

Im Juli 1948 hatten wir die Währungsreform, und Professor Erhard schaffte die Bewirtschaftung von Gebrauchsgütern ab. Der amerikanische Hochkommissar rief ihn an: „Was fällt Ihnen ein, alliierte Kontrollratsbestimmungen abzuändern?" Erhard: „Ich habe nicht abgeändert. Ich habe abgeschafft!"

Was für ein Held war dieser Mann in der damaligen Zeit! Mit dieser seiner Maßnahme begann der wirtschaftliche Aufschwung in Westdeutschland.

Der Ministerpräsident ließ mir durch den Chef seiner Staatskanzlei einen sehr freundlichen Brief schreiben, in dem um gegenseitige Verständigung gebeten wurde.

Von unserem Landrat habe ich nie eine Antwort erhalten.

Nun meldete sich mein Alter: Probleme verkraftet man in jungen Jahren besser als mit fünfundsiebzig. Mich regte die ganze Angelegenheit derart auf, daß ich wieder Herzrhythmusstörungen bekam und mich nach einem kurzen Klinikaufenthalt in Teneriffa Anfang April zur Weiterbehandlung nach Deutschland begeben mußte.

Und inzwischen passierte es: Wir mußten die Schilder bis auf acht Stück an relativ unwichtigen Plätzen entfernen. Jeder Privatmann, auf dessen Gelände eines unserer Schilder stand, wurde einzeln angeschrieben und auf die Gesetzwidrigkeit hingewiesen. Welch ein Aufwand, den wir alle mit unseren Steuern finanzieren müssen!

Was hätte ich gemacht, wenn ich Landrat gewesen wäre? Ich hätte den Bauamtsleiter zu mir bestellt und ihn gebeten, mit Hilfe der juristischen Abteilung eine Lücke im Gesetz zu finden. Anderenfalls hätte ich ihn in der Luft zerrissen. Bei mir jedenfalls wären die Schilder nicht abmontiert worden. Mir wäre etwas eingefallen!

Die örtliche Hotelkonkurrenz hätte sich beschweren können, wie sie wollte. Ich als Landrat hätte den SPANISCHEN HOF als die touristische Hotelattraktion in meinem Landkreis verteidigt, wie ein Hund seinen Knochen.

Meine Reaktion auf die Entfernung der Schilder folgte sofort. Ich rief den Gröditzer Bürgermeister an und setzte ihn davon in Kenntnis, daß unsere Werbung um Investoren zum Nulltarif sofort eingestellt wird. Dieses Geld benötigen wir jetzt für zusätzliche Werbung im SPANISCHEN HOF. Ich habe mich in meinem Leben immer den wirtschaftlichen Gegebenheiten anpassen müssen. Hier war es nicht anders.

Bei allem Ärger:
Ein herzliches Dankeschön an unseren Nachbarkreis Elbe-Elster.

Mit der Feststellung, daß unsere bereits gefertigten Nulltarifschilder auf die Müllhalde wanderten, möchte ich dieses leidige Thema abschließen.
Schon Mephisto mußte im „Faust" erfahren:
„Ein großer Aufwand, schmählich! ist vertan."

...der soll lieber seine Millionen in unser Hallenschwimmbad stecken.

So lautete eine Leserzuschrift, als der Hotelbau publik wurde. Dem Kinde kann geholfen werden. Das Hotel war fertig. Auf, zu neuen Ufern. Ich muß Dinge machen, die ich wachsen und gedeihen sehe. Schließlich sollten die Erträge des Hotels – sofern welche anfallen – den Bürgern der Stadt Gröditz zukommen. Unser Vorteil liegt ja darin, daß wir keine Zins- und Tilgungsraten zu entrichten haben.

Zwischen dem Ehepaar Kipsch in Gröditz und uns hatte sich im Laufe der Jahre eine Freundschaft entwickelt. Dr. Kipsch ist mein großer Ratgeber, wenn es um Interna in Gröditz geht. Als das Ehepaar Kipsch uns im Februar hier in Teneriffa besuchte, kam die Thematik auch auf die Sporthalle mit dem Hallenschwimmbad. Dr. Kipsch schilderte mir die Situation und sagte, daß es sicher einen großen Unmut unter der Bevölkerung auslösen würde, wenn das Hallenschwimmbad dicht gemacht werden muß. Wie alle öffentlichen Schwimmbäder so ist auch das Gröditzer Hallenbad ein Zuschußbetrieb, der die Stadt sehr belastet.

Nach einigem Überlegen sagte ich meine persönliche Hilfe und auch die Hilfe des SPANISCHEN HOFES zu. Durch den Verkauf einer Immobilie bekam ich wieder etwas Luft.

Den Ausschlag meiner Unterstützung gab wohl die Tatsache, daß unser Hallenbad im Jahr über 60.000 Besucher hat. Das ist doch was. 60.000 x Schwimmvergnügen oder nicht ist ein großer Unterschied.

Durch meinen einmaligen Zuschuß erhielt die Stadt entsprechende Fördergelder und war damit in die Lage versetzt, eine völlige Renovierung der Außenanlage, der rationelleren Heizung und der Be- und Entlüftungsanlage, einschließlich des Daches durchzuführen.

Darüber hinaus verpflichtete sich der SPANISCHE HOF, fünf Jahre lang je 200.000 DM Zuschuß zu zahlen.

Als Gegenleistung dafür dürfen alle Mitarbeiter des SPANISCHEN HOFES und auch unsere Hotelgäste das Hallenschwimmbad kostenlos benutzen.

Beiden war geholfen.

Hier ist eben die ideale Situation von einer fruchtbaren Zusammenarbeit. Wie es sich jeder wünscht, und wie es sich auch gehört. An das ganze Paket knüpfte ich aber noch eine andere Bedingung: Die Stadt darf das Hallenschwimmbad und die Sporthalle in den nächsten fünf Jahren nicht schließen. Selbstverständlich wurde Herr Ertel sofort in unsere Gedanken einbezogen und warf zurecht ein, daß wohl ein Eintrittspreis von 3,– DM auf die Dauer nicht gehe.

Eine Schachtel Zigaretten, so sagte Herr Ertel, oder 5,– DM müßte wohl unseren Besuchern der Eintritt wert sein. Schließlich liegt der Selbstkostenpreis pro Schwimmgast bei 12,– DM.

Für Herrn Dr. Kipsch mit seinen 68 Jahren ist es eine dankenswerte Aufgabe, die gesamte Abwicklung zu koordinieren und durchzuführen. Auf sein Anraten hin wurde, in Zusammenarbeit mit Herrn Ertel, die gesamte Gröditzer Bevölkerung sowie alle Betriebe gebeten, sich nach Kräften an einer großen Spendenaktion zu beteiligen.

Die örtlichen Handwerksbetriebe sollen die Arbeiten, noch ein Stück unter dem Selbstkostenpreis durchführen. Die gesamte Erneuerung und Unterhaltung unseres Hallenschwimmbades wird somit zu einer großen Gemeinschaftsleistung der Gröditzer Bevölkerung.

Kapitel 21

Hohe Gäste im SPANISCHEN HOF

Im April 1998 meldete sich der Protokollchef der Staatskanzlei im SPANISCHEN HOF an. Es wurde beschlossen, im SPANISCHEN HOF eine Kabinettsitzung abzuhalten.

Das ganze durfte nicht an die große Glocke gehängt werden. Herr Ertel rief mich hocherfreut an und bat mich, diesen Termin unbedingt wahrzunehmen. Vom 29. auf den 30. Juni tagte unser Ministerpräsident Biedenkopf und das gesamte Kabinett einschließlich des dazugehörigen Anhangs im SPANISCHEN HOF und übernachtete auch hier. Unsere Mitarbeiter, Familie Ertel und auch wir sahen es als eine ganz besondere Ehre an, daß der Ministerpräsident zu uns kam.

Wir freuten uns alle sehr auf diesen Tag. Dies vor allen Dingen auch deshalb, weil unser Landesherr im Volksmund König Kurt genannt wird. Ich weiß nicht, ob es ein größeres Kompliment für den Chef unseres Freistaates Sachsen gibt. Bei der letzten Wahl bekam er einen prozentual höheren Stimmanteil als ihn Franz Josef Strauß in Bayern jemals erreicht hat. Das will viel heißen.

Die Minister kamen einzeln und trudelten im Laufe des späten Vormittages bei uns ein. So nahmen wir die Gelegenheit wahr, jede Dame und jeden Herrn einzeln willkommen zu heißen und hatten manchmal auch die Gelegenheit, mit ihnen einige Worte zu wechseln. Am Tage zuvor hatte ich von jedem eine Kurzbiographie erhalten und konnte mich ein bißchen darauf vorbereiten.

Global gesehen kann man abschließend sagen: Eine bzw. einer sympathischer als der andere. Ob sie die Kulisse des SPANISCHEN HOFES so überwältigte, kann ich nicht sagen, jedenfalls waren sie alle von einer ungeheuren Liebenswürdigkeit. Das hatten wir wohl nicht so erwartet. Einige gute Gespräche besonders herauszuheben, hieße die anderen abzuwerten. Man spürte richtig, diese Mannschaft hat sich der hochangesehene Politiker Kurt Biedenkopf nach seinem Gusto ausgewählt. Die passen zu ihm. Dann als letzter – kurz vor 13 Uhr – kam der Ministerpräsident.

Ich begrüßte ihn: „Herzlich willkommen im SPANISCHEN HOF – König Kurt." Mit seinen strahlenden Augen trug er die Herzlichkeit, wie man ihn vom Fernsehen her kennt, im Gesicht. Den König Kurt wehrte er mit einer leichten Handbewegung ein bißchen – aber nur ein bißchen – ab. Es paßte rundum alles zu ihm. In seiner Fröhlichkeit wirkte er so natürlich, wie ihn alle Sachsen lieben.

Unsere Räume waren für eine solche Kabinettssitzung mit separatem Mittagessen vorzüglich eingerichtet. Um 13 Uhr nahmen die Damen und Herren ein gemeinsames Mittagessen ein. Dann begann die Kabinettssitzung, die sich bis nach 20 Uhr hinzog. In einer Pause begegnete ich dem Chef des Protokolls und fragte ihn, wann wir wohl unsere Glocken zu Ehren des Ministerpräsidenten und seines Kabinetts läuten könnten? Er meinte, das möchte der Ministerpräsident sicher nicht.

Daraufhin sagte ich: „Herr von Blücher, bei allem Respekt vor den Wünschen der Obrigkeit, hier bin ich der Chef des Hauses, und hier werden die Glocken geläutet, wenn ich will. Wir müssen uns jetzt nur einig werden, wann."

Ich schlug nach der Kabinettssitzung, vor dem Abendessen quasi zur Entspannung dieses Zeremoniell vor.

Na, das fehlte mir noch. Hat man den höchsten Repräsentanten des Freistaates Sachsen im Hause und dann soll ich nicht die Chance haben, mein Außergewöhnlichstes – den feierlichen Dreiklang unserer Glocken – vorführen zu dürfen? Das kam überhaupt nicht in Frage.

Etwa 20.30 Uhr war es dann soweit.

Herr Biedenkopf, meine Frau und ich standen in der Mitte des großen Rondells, und man sah einen lächelnden Ministerpräsidenten, der die Ehre, die ihm und seinem Kabinett zuteil wurde, sichtlich genoß. Er sagte, bei Ihnen ist es so schön, in den SPANISCHEN HOF komme ich im Herbst mal mit meiner Frau für ein Wochenende.

Zwei Fernsehteams waren fleißig am Filmen. Am nächsten Morgen ging die Etatverabschiedung des Kabinetts weiter. Der abends ausgestrahlte Fernsehbeitrag dauerte etwa zehn Minuten. Ich glaube, mehr als die Hälfte wurden allein Details vom SPANISCHEN HOF gezeigt. Man merkte richtig, wie sich die Fernsehleute in die Schönheiten unseres Hotels verliebt hatten. Sonst suchen sie nach besonders interessanten Kulissen. Hier aber bekamen sie die schönen Hintergründe gleich gratis mitgeliefert.

Herr von Blücher fragte meine Frau, wann wir wohl das nächste Mal in Deutschland seien. Wir vermuteten eine Einladung, vielleicht sogar eine Ehrung in Dresden. Und tatsächlich:

Am 20. Juli 1998 übergab mir der Ministerpräsident den neugeschaffenen Verdienstorden des Freistaates Sachsen in einer Feierstunde im Dresdner Zwinger mit insgesamt acht weiteren Ausgezeichneten. Am Ende seiner Laudatio nannte er als meinen Beruf Ruheständler. Dabei mußte er lachen und verbesserte sich – wohl besser Unruheständler. Ich entgegnete: „Herr Ministerpräsident, das kann man bei Ihnen mit Ihren 68 Jahren auch sagen."

Das nächste Ereignis von besonderer Bedeutung im SPANISCHEN HOF erwarten wir Anfang des Jahres 1999
...da bekommt Julia Ertel ihre ersten Zähnchen.

Kapitel 22

Nachwort

Wenn die Vermögenden wüßten, wieviel Freude zurückkommt, wenn man sich sozial engagiert, würden sie es genauso machen, wie ich in meiner Geburtsstadt.

Es ist der Egoismus des Gebenden, durch Schenken Freude zu bereiten. Die Bibel ist mein Vorbild: „Wenn du zwei hast, dann gib dem eins, der gar nichts hat!"

Ich reduziere die Heilige Schrift nicht nur auf die zehn Gebote, sondern auf acht Buchstaben. Zwei Worte: TUE GUTES.

Manche Leute fragen mich, was sagen denn Ihre drei Kindern, wenn Sie deren Erbe so verschenken?

Erstens bleibt ihnen noch etwas übrig; und zweitens habe ich das mit ihnen abgesprochen! Die Eltern schwächen ihre Kinder aus falscher Liebe im harten Kampf des Lebens, wenn sie ihnen zuviel vererben! Sattsein macht faul!!!

Und ... bei logischem Nachdenken kann es doch nicht der Sinn des Lebens sein, einmal als der reichste Mann auf dem Friedhof zu gelten. Man muß beizeiten lernen loszulassen.

Ich habe noch keinen gesehen, hinter dessen Sarg ein Tresor hinterhergetragen wurde. Man sollte mit den Toten auch ihr Geld begraben. Dann würden wenigstens die Erben weinen.

Wer es biblisch möchte:
„Denn wir haben nichts in die Welt gebracht;
darum werden wir auch nichts hinausbringen."
(Timotheus 6, Vers 7)

Überall dominieren bei mir Dankbarkeit und Freude über die deutsche Wiedervereinigung.

Um nun auch die menschliche Einheit Deutschlands zu gewinnen und zu festigen, kann ich nur allen Westdeutschen raten: „Fahren Sie in unsere neuen Bundesländer. Knüpfen Sie Kontakte, wo immer sich eine Gelegenheit bietet. Löschen Sie in Ihren Köpfen den vielleicht vorhandenen Gedanken, „da drüben“ sei ein fremdes Land. Machen Sie Urlaub in den neuen Ländern. Von der Schönheit der Landschaft, vom Fleiß der Menschen und deren Liebenswürdigkeit werden Sie überrascht und begeistert sein.

Versuchen Sie, die Menschen zu verstehen. Auch die früher politisch anders dachten.

Der Dresdner Dichter Thomas Rosenlöcher schildert in „Die verkauften Pflastersteine – Dresdner Tagebuch“ am 11. Dezember 1989 seine Empfindungen; für uns Westdeutsche, und für mich besonders, unter die Haut gehend, so: „Den Hauptschock mag es für unsere Leute gegeben haben, als sie mit ihrem Trabant über die Grenze fuhren. Ausgerechnet über ihr Auto, ihr sonntags doch auch geputztes Auto, auf das sie jahrelang gespart und oft noch länger gewartet hatten, lachte ganz Europa.“

Wieviele Demütigungen fügten wir Westdeutsche – oft völlig unbewußt – unseren Freunden im Osten zu!

Reichen Sie denen die Hand, die über 40 Jahre verhinderten, daß Ostdeutschland zur russischen Kolonie wurde!

Wir verdanken der Bevölkerung in den neuen Ländern nicht nur die Einheit Deutschlands, sondern auch, daß die Kriegsgefahr in unserem Heimatland gebannt wurde.

Meine Landsleute im Osten möchte ich bitten: Bauen Sie Ihre Vorurteile ab, die Sie in den ersten Jahren sammelten. An einigen Beispielen habe ich aufgezeigt, wie wir uns in den über 40 Jahren auseinandergelebt haben.

Für mich war das die logische Folge der Teilung Deutschlands in zwei völlig gegensätzliche politische und wirtschaftliche Systeme.

Das konnte ja gar nicht anders sein.

Lassen Sie uns gegenseitig vertrauen und alle gemeinsam an einem einig Vaterland bauen.

Bitte beachten Sie auch die
Bildseiten und die Landkarte
auf den folgenden Seiten!

„Mein Riesenspielzeug“

Glöckner Zimmer

Hochzeitssuite

Blick in die Hotelhalle

Barbara und Jens Ertel winken mit Julia unseren Gästen zu

Bibliothek

HOTEL SPANISCHER HOF